林進材 著

50則非知不可的 教育學概念

50 Educational Ideas：you really need to know

【自序】認識教育、瞭解教育、掌握教育

　　教育活動的實施，囊括的內容是相當廣泛的，舉凡和人類學習與成長有關的活動，都是教育發展的範疇。教育活動的實施，牽涉多層面的理論與策略、方法與原則、經驗與實務、程序與規範、發展與成長等多方面的意義。教育研究者透過教育理論的探討與分析，釐清各種教育發展現象的相關理論，並且提供理論發展與驗證的機會；教育單位透過教育制度的建立，將複雜的教育現象，透過法令規章與制度法規，一一給予系統化、規範化，避免教育活動的開展成為雜亂無章的現象；教育工作者透過教育方法的運用，使各種教育的目標，透過方法運用，讓教育活動可以達成預期的目標；教育工作者可以透過教育實務的探討和實施，從實際的工作場所中，驗證各種教育的相關理論，解決教育實際上遇到的各種困難，並透過實務經驗修正相關的教育理論；學校教育的教師與學生，可以在教育活動中，經由各種教學活動的進行，得到實質的成長學習經驗。

　　教育活動的實施，在場所方面，可以包括家庭、學校、社會等多個層面；在人員方面，可以包括教師、學生、家長、學校行政人員；在理論的運用方面，可以包括哲學、社會學、心理學等基礎學理。無論是人員、場地、理論等方面，是否有所不同，或是有所差異，都應回歸到教育活動的本質，回歸到教育目標的達成。想要透過各種方法與策略，達成教育目標，就必須先從認識教育開始，瞭解教育本身的意義有哪些？教育需要透過哪些理論的發展？教育的策略和方法有哪幾種？教育的發展需要哪些人員的配合？當瞭解上述的教育意義之後，接下來才能深入瞭解教育，瞭解教育有哪些基本的意義？哪些深層的意義？哪些是需要改變的？哪些是需要修正的？哪些是需要保留的？透過對教育的瞭解之後，才能真正地掌握教育，掌握教育的脈動，掌握教育的發展。

　　本書的主要目的，在於將教育最常被提到的 50 個重要概念，透過分類的方式，以從事教育工作者的觀點，透過簡單扼要的筆調，將重要的教育概念一一透過文字表達出來，讓教育工作者、非教育工作者、對教育工作有興趣者，可以透過本書的閱讀，瞭解教育的梗概，從認識教育、瞭解教育到掌握教育。本書在內容方面，包括五個重要的層面，依序為教育理論篇、教育制度篇、教育方法篇、教育實務篇與教育活動篇，每一篇章依據教育屬性，解釋 10 個重要的教育概念。由於不同的文獻、研究、期刊、典籍等，對於教育的觀點和想法不盡相同，因此，筆者儘量以大家都可以接受的方式，透過簡單的文字鋪陳，從教育的文獻、相關的研究、重要的期刊、常見的書籍中，將教育的重要概念梳理出來，希望可以讓社會大眾瞭解教育活動所涉及的概念和意義。

　　本書的完成，相當不容易。主要問題在於對教育概念的釐清，迭經多次的思考與修正，包含對教育重要概念的篩選，以及各篇章內文是否能清楚釐清教育的各種概念，筆者幾經斟酌與推敲。希望本書的出版，可以提供社會大眾，對於教育的瞭解與掌握。本書的完成，要感謝五南圖書出版公司對於教育典籍出版的支持，陳念祖副總編輯的邀稿，本書內文引用的無數研究者、理論家、教育學者等，都是本書出版的幕後功臣。由於教育的發展相當快速，本書如有疏漏，在所難免，敬祈各界先進，不吝指正是幸。

林進材

2015/1/26

CONTENTS

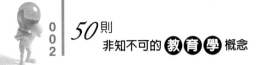

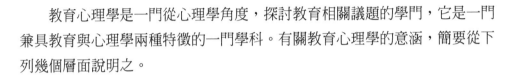

01 教育心理學

　　教育心理學是一門從心理學角度，探討教育相關議題的學門，它是一門兼具教育與心理學兩種特徵的一門學科。有關教育心理學的意涵，簡要從下列幾個層面說明之。

一、教育心理學的意義

　　教育心理學的發展，從學術研究的角度分析，歷經一段相當漫長的時間。教育心理學多年來的研究取向，包含多元且多樣的方式。在教育心理學的研究，最早採用教育哲學取向，繼而採用教育科學取向，其後採用心理科學取向，最後再採教學心理學取向。

　　不管教育心理學的研究是屬於哪一種研究的取向，主要的意義都定位在透過心理學的理論、主張、研究等，探討教育活動所涉及的各種現象。

二、教育心理學的教育學基礎

　　教育心理學的教育學基礎，主要的論述包括教育心理學研究的新取向、教育心理學研究取向的回顧與展望、教育心理學研究目的教育化、教育心理學研究對象全人化、教育心理學研究方法本土化等方面的議題，從教育學的理論、現象、主張等方面，探討教育心理學的發展基礎。

三、教育心理學的心理學基礎

　　教育心理學的心理學基礎，主要探討的內容是從心理學的角度，探討教

歷史大事年表

十九世紀	1949
心理學獨立成為一門學科	桑代克思想為中心的教育科學運動

育心理學發生的各種現象。在此方面，包括下列幾個議題的探討：

（一）身體發展與教育

身體發展與教育方面的探討，在內容方面包括嬰兒期身體發展與教育、學前兒童身體發展與教育、學齡兒童身體發展與教育、青少年的身體發展與教育等方面的議題，透過這些議題的探討，引導教育人員深入瞭解人類身體的發展與教育之間的關係。

（二）認知發展與教育

認知發展與教育議題的討論，主要是分析個體在認知歷程方面的各種現象，以及個體認知對學校教育的關聯性和重要性。在認知發展與教育方面，教育心理學探討的主題包括皮亞傑的認知發展論、皮亞傑認知發展論的評述、皮亞傑認知發展論在教育上的意義、維果茨基的認知發展論等（張春興，2013）。

（三）社會發展與教育

社會發展的探討主要是強調，個體在發展過程中，受到社會文化的影響而產生改變的歷程。一般社會發展的探討，強調人格發展、社會化等方面的現象。社會發展與教育的教育心理學探討，內容包括艾理克森的心理社會期發展論、柯爾柏格的道德發展論、從少年犯罪成因檢討教育的得失。

（四）行為主義心理學的學習理論

行為主義心理學探討的主要重點，是從教育心理學的行為學派主張和論點，分析與學習有關的各種理論和現象。行為主義心理學的學習理論，在教育心理學方面的研究，包括經典條件作用、操作條件作用、社會學理論、行為學習理論在教學上的應用。

（五）認知心理學的學習理論

認知心理學將學習視為個體對事物的概念經由認識、辨別、理解，從而認知新知識的歷程。認知心理學的學習理論，探討的內涵包括認知結構學習論、訊息處理學習論、知識學習心理學原理、思維與創造力的培養等議題，

1952
杜威進步教育運動

2030
教育心理學邁向科學研究

透過對個體認知歷程的分析探討，提供學校教育人員在教學上的參考。

（六）人本主義心理學的學習理論

人本主義的興起，源起於對行為主義、認知主義對學習主張的不同觀點。人本主義稱之為心理學的第三勢力，認為學習不能像行為主義、認知主義對個體學習強調系統理論與嚴密方法，人本主義重視人性、強調人性本質是善的，人生而具有善根，只要提供適當的環境，個體自然就可以學習。

人本主義心理學的學習理論，在內涵方面包括人本主義心理學的性質、人本主義心理學的學習理論、人本主義思想在教育上的實驗、人本主義思想的希望與挫折等方面的論述。

（七）學習動機與學習行為

個體的行為背後，一定具有相當程度的動機。透過對個體學習動機與學習行為的探討，找出有利於學習的策略與方法。在學習動機與學習行為方面的探討，教育心理學重視的議題和內容，包括動機與學習動機、學習動機的行為論與人本論、學習動機的認知論、在學習活動中培養學習動機等分析。

四、教育心理學的實踐

教育心理學的研究，不管經由傳統時期、哲學時期或科學時期的變遷遞嬗，主要用意在於提供教育工作者，瞭解個體在學習過程中有關的心理現象，進而解決教學上的各種問題。有關教育心理學的實踐，張春興（2013）提出包括下列現象：

（一）智力因素個別差異與學校教育

智力因素個別差異與學校教育探討的主題，聚焦在於個體智力發展的個別差異現象，並分析此種現象在學校教育上的意義。教育心理學探討的內容，包括智力的性質與相關概念、智力理論、智力測驗、智力因素與個別差異及因材施教等方面的問題。

（二）非智力因素個別差異與學校教育

非智力因素個別差異與學校教育探討的主題，主要從個體差異現象的非智力因素，分析導致差異現象的各種因素。例如，性別差異與學校教育、性格差異與學校教育、認知類型與學習類型的個別差異等現象。

（三）教學理論與教學設計

教學理論與教學設計的探討，主要是從教育心理學中的個體發展、認知歷程等方面延伸而來。教學理論與教學設計主題的探討，包括從心理學理論到教學理論、從教學理論的性質及其應具備的條件、教學設計的性質與模式、教學目標的教育心理學涵義等。

（四）教學策略與教學評量

教學策略與教學評量的探討，主要是在教學理論與教學方法之後，需要應用哪些策略與評量的方式，確定教學目標達成的情形。在教學策略與教學評量方面的探討，內容包括從教師效能的研究看有效教學原則、教學策略的靈活應用、教學評量的基本方法、教學評量的方法與技術等問題。

（五）教室管理與團體規範的建立

教室管理與團體規範的建立，屬於教室教學的前置作業，透過教室管理策略的應用與團體規範的建立，確保教學活動順利進行。教育心理學在教室管理與團體規範的建立方面，探討的主題有：日常教學中建立教室秩序、行為主義取向的教室管理問題、人本主義與折衷主義取向的教室管理問題等。

五、教育心理學的應用

教育心理學的研究，主要是從心理學的角度與學理基礎，分析各種教育現象，並依據對各種現象的分析、歸納、評論、理解、處方等流程，提出解決教育問題的各種策略與方法。如果教育的發展，脫離教育心理學的規範，則教育發展與實施，容易受到各種因素的阻礙。教育心理學雖不是處理教育的唯一方式，但缺乏教育心理學的思維，則教育發展容易如同脫韁的野馬，無法預期未來，也無法收到預期的效果。

【焦點概念】教育心理學的研究與應用

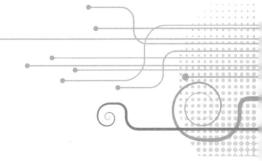

02 教育行政

　　教育行政是教育活動發展中的一門重要學科，透過教育行政事務的探討，有助於釐清教育行政的相關觀念，並提供完整的教育行政理論與行政事務的運作，進而達到教育行政目標。有關教育行政的概念，簡要說明如下。

一、教育行政的意義

　　「教育行政」，顧名思義，是指國家對教育事業的行政而言。詳言之，教育行政乃是教育人員在上司和下屬的階層組織中，透過計畫、組織、溝通、協調與評鑑等科學歷程，貢獻智慧，群策群力，為促進國家教育事業發展、達成教育目標所表現的種種行為。

二、教育行政的內涵

　　教育行政的意義內涵，包括四個重要的概念：
　　（一）連續性的歷程
　　教育行政是一個連續性的歷程，這個歷程包括計畫、組織、溝通、協調、評鑑的連續性歷程，每一個歷程都會相互影響，透過連續歷程的達成，有助於達成教育目標。教育行政乃是一種連續不斷的程序，其中包括下列必經的步驟：
　　1. 計畫
　　指以審慎的態度和方法，預先籌謀並決定做何事及如何做，以求經濟而有效地達成預定目標。此一步驟可分為：(1) 對於應行採取的措施作一原則

歷史大事年表

1900	1930
傳統理論時期	行為科學時期

性的決定；(2) 規劃執行上述原則性決定的實施方案；(3) 將實施方案進一步加以發展，使之轉化為具體的行動設計。

2. 組織

為實現計畫，必須建立組織，始能結合人力，運用物力。此「組織」階段共包括四項工作：(1) 建立組織的結構；(2) 明定各部門、各職位的權責；(3) 依據職責遴選人員；(4) 分配物質資源。

3. 溝通

組織一旦建立之後，教育行政主管即應與僚屬進行溝通，其目的至少有二：(1) 建立對計畫要旨有共同的看法與瞭解；(2) 研討確定執行的要領。

4. 協調

各單位及各成員共同執行計畫時，在消極方面，應儘量避免彼此間之衝突，否則容易相互抵消力量；在積極方面，應促成單位成員間的相互合作，彼此密切配合，這就有賴協調的實施。

5. 評鑑

教育行政工作經計畫及執行之後，即應進行評鑑，以瞭解其得失，作為改進及革新的依據。教育行政工作唯有在不斷的評鑑之下，才能日新月新，不斷進步發展。

（二）強調階層關係的系統

教育行政的運作，是一種強調階層關係的系統。在這個系統中，有上下的關係，也有左右聯繫的關係，有平行單位的關係，更有上下指揮的關係。

教育行政組織係一強調階層關係的社會系統。社會系統論者把教育行政組織看作是一種社會系統（social system），而社會系統是一群具有固定範圍而又彼此交互作用的元素（次級系統）與活動，經此交互作用所組成的一個獨特社會實體。

依據社會系統論者的觀點，可從三個角度觀察教育行政。第一，從結構上看，教育行政即是社會系統中之上司、同僚、下屬的階層關係組織。第二，

1960

1990

系統理論時期　　　　　　　　渾沌理論時期

從功能上看，教育行政是透過這種階層組織，以統整角色與物力，達成組織目的並適應外在環境。第三，從運作上看，教育行政的運作，務必掌握教育行政組織內外的全盤關係，注意組織成員的交互作用和互助合作，並且力求「機構的角色期望」和「個人的人格需要」兩者的統合，才會圓滿有效。

（三）績效受到行政人員表現影響

教育行政的績效達成，受到行政人員表現行為的影響。如果行政人員的表現形成達到預期的目標，則其績效必然高；反之，則其績效就不高。

除了從行政程序和社會系統的觀點來瞭解教育行政之外，亦可從行政行為的角度來探討教育行政。而行政行為的探討，則注重教育行政主管的領導行為，認為行政主管應設法影響組織成員，避免受人消極性影響，唯有如此，才能提升行政績效。

教育行政主管影響別人的行為，又稱為行動倡導者的行為。至於行政主管影響部屬常用的行動策略，計有訓練、告知、支持、指導、介入、激勵、命令、設計等。此外，教育行政主管接受別人影響的行為，又稱為行動接受者的行為。此類行為可以分為自我選擇的、違反意志的、無知的三種。當然，作為一位賢明的教育行政主管，應儘量設法自我選擇的接受，而避免無知的接受和違反意志的接受等兩種行為。

（四）目的在於達成教育目標

教育行政的主要目的，在於透過各種做法、政策執行，而達到預期的教育目標。教育行政本身是一種手段，而不是目的，如果一定要說有目的，也僅是一種中介目的而已。亦即藉行政的力量，促進教育事業的健全發展，以謀國家建設的不斷進步。從微觀言，教育行政旨在協調並結合人力、物力，以增進教與學的效果；從鉅觀言，教育行政旨在藉支援教學，提升教學績效，以實現國家教育政策，促進教育事業的不斷發展，進而培育健全的國民。

三、評論

　　「教育行政」，顧名思義，是指國家對教育事業的行政而言。詳言之，教育行政乃是教育人員在上司和下屬的階層組織中，透過計畫、組織、溝通、協調與評鑑等科學歷程，貢獻智慧，群策群力，為促進國家教育事業發展、達成教育目標所表現的種種行為。由於教育行政學的發展與研究，有助於透過理論、研究與實務的相互對照和印證，使教育行政事務得以更為成熟、更為充實，提供扎實的理論依據，改進行政工作的運作。

【焦點概念】績效與目標的達成

03 教育社會學

一、教育社會學的意義

　　教育社會學的主要意義在於從社會學的角度和層面，探討教育存在的現象和基本理論。教育社會學是應用社會學籍教育學的一門分支，透過宏觀與微觀層面及人際互動的各種方法，來研究探討教育問題與社會的關聯和關係。

二、教育社會學的派別

　　依據相關的理論和研究，教育社會學誕生於十九世紀末二十世紀初期。教育社會學的知識體系有兩個重要的派別：第一是教育學家對赫爾巴特教育體系作出批判時建立，強調教育與社會的互動，主要的內涵在於論述教育發展與社會存在的關聯性，分析教育與社會彼此存在的關係和意義。第二是社會學家將教育的發展當作社會制度納入到社會學研究領域當中，主要的內涵在於將教育視為社會發展的一部分。

三、教育社會學的研究發展

（一）Dreeben 的分類

　　Dreeben將教育社會學研究的主旨和目的分成三個主要的部分，依序為：

歷史大事年表

1883	1928
規範性教育社會學	驗證性教育社會學

1. 教育的社會流動性理論（social mobility of education）

教育的社會流動性理論係探討透過教育的實施，使個體的社會地位向上提升的相關概念。由於教育活動的開展，引導個體從幼稚到成熟的歷程，透過學校教育使個體知識增加，進而影響個體的家庭社會地位。

2. 社區對教育的影響（community influences on education）

教育社會學的第二個目的，在於探討社區存在對教育發展的影響。該議題包括對社區型態、社區發展、社區脈絡的深度研究，並透過各種研究方法與理論，分析社區對教育發展的影響。

3. 學校的社會組織（social organization of schools）

學校的社會組織的探討目的，在於透過社會組織的概念，研究學校的各種社會情境脈絡。透過對社會組織概念的釐清，以社會組織脈絡的角度，分析各種學校存在的現象與事實。例如，學校師生之間的社會關係，學校同儕關係的存在與發展等。

（二）研究的議題

教育社會學的研究議題，從 1900 年代到 1970 年代，主要的研究議題核心概念包括下列幾個重要的議題：

1. 社會公平與公正

此議題探討的是各種社會存在的公平性與公正性的問題，透過理論的內涵，檢視各種社會存在事實本身，是否符合社會公平與公正的客觀標準。

2. 全球化與學校教育的擴張

全球化與學校教育的擴張議題，主要在於探討全球化的時代來臨，所帶來的社會問題，以及延伸的教育問題。

3. 社會網絡以及他們對個人行為和社會準則的影響

此議題的重點在於透過社會學理論，探討社會網絡的行程，以及這些網絡對於個人行為與社會準則的影響，這些影響的產生，對於社會產生哪些正面與負面的影響。例如，人際關係的建立，對於社會人際互動與人和人之間

的關係，有哪些重要改變和影響。

（三）教育社會學研究的演進

一般而言，教育社會學研究的演進，分成規範性研究、驗證性研究、批判性研究三個重要的取向。有關教育社會學的研究區分，請參考下表。

	規範性研究	證驗性研究	批判性研究
名稱	Educational Sociology	Sociology of Education	New Sociology of Education
年代	～1940	1940～1960	1970～迄今
主題	傳統教育社會學	新興的教育社會學	新的／詮釋的教育社會學
主要特徵	重點在於探討哲理和應用方面的議題。主要的發展特色如下： 1. 重視社會行動 2. 應用取向探究 3. 偏重哲學性 主張教育具有社會化和選擇兩種主要的功能。	認為教育社會學為社會學的分支，教育組織是其良好的研究領域，採驗證取向，強調社會學理科學驗證、分析，以建立理論目的，研究者以社會學者為主。	主張教育社會學本身具有解釋的、批判性的、質的研究取向，微觀的研究內容，代表理論如現象學、符號互動論、俗民方法論、知識社會學、批判理論等。
主要代表人物	·華德（L. F. Ward） ·涂爾幹（E. Durkheim） ·韋伯（M. Weber） ·孟漢（K. Mannheim） ·杜威（J. Dewey）等人	·布魯克福（Broolover） ·葛樂士（N. Gross） ·畢德威（C. E. Bidwell） ·班克斯（O. Bank）等人	·夏普（Sharp） ·格林（Green）等人

四、教育社會學的重要內容

（一）教育社會學的鉅觀分析

教育社會學的鉅觀分析，主要在於探討教育目的與功能、教育分類與成就、選擇與改革等方面的議題，從教育的大方向分析相關的議題。

（二）教育社會學的微觀分析

教育社會學的微觀分析，主要在於探討班級的形成、師生關係、學校與校園倫理和校園民主方面的議題，透過細微關係的形成分析，提供學校教育政策形成的參考。

（三）教育社會學的重要人物和影響

教育社會學的重要人物和影響，依據相關的文獻，整理歸納如表 3-1。

表 3-1　教育社會學重要人物與影響

人物	影響
孔德（A. Comte），被稱為「社會學之父」	1. 社會演化三時期：神學→玄學→科學（實證） 2. 社會動學（社會變遷）vs. 社會靜學（社會秩序與安定） 3. 出版《教育社會學概論》，是第一本標題為教育社會學的教科書
史賓賽（H. Spencer）： 提出有機比擬論	提出人類社會與生物有機體極為類似的概念
涂爾幹（E. Durkheim）： 提出社會連帶論的概念	1. 由社會觀點分析社會現象，認為共同信念與價值使社會凝固 2. 提出「社會連帶」、「集體意識」概念
華德（L. F. Ward）： 主張社會導進論的概念	透過有計畫的社會行動改進社會，又被稱為心理學派的社會學者
華勒（W. Waller）： 教育社會學	認為學校為社會有機體，強調學校師生之間的衝突

人物	影響
馬克思（K. Marx）	階級衝突才是進步的動力
帕森士（T. Parsons）	關注個人、社會與文化三個系統的整合問題
韋伯（M. Weber）： 科層體制理論	研究社會學要中立，不可將個人信念或偏見滲入研究中
墨頓（R. K. Merton）	提出社會的抽象模式
杜威（J. Dewey）	著有《學校與社會》（*School and Society*），認為教育即生活，學校即社會，將學校當作一種社會制度

五、教育社會學的主要理論

教育社會學的主要理論，包括和諧理論學派、衝突理論學派、詮釋理論學派。有關社會學的主要理論內涵和主張，簡要說明如下：

（一）和諧理論學派（consensus theory）

和諧理論又稱爲結構功能論（structural-functionism），其主要特徵包含「結構與功能」、「整合」、「穩定」、「共識」等重要的概念。和諧理論認爲學校是價值觀達成共識的場所。此一學派的代表人物爲涂爾幹，強調教育的社會功能，並提出社會連帶（social solidarity）的概念。

（二）衝突理論學派（conflict theory）

衝突理論學派提出的主要概念，包括對立與衝突、變遷、強制等，該理論的主要代表人物爲布迪爾、伯恩斯坦等。在教育社會學的應用方面，其主要的概念包括文化再製（cultural reproduction）、文化創生（cultural production）的觀點、重視勞工學生的「反學校文化」（anti-school cultures）研究，以及「文化霸權」（culture hegemony）——統治階級所建立的生活文化，經由教育與大眾傳播媒體的機制力量，影響社會成員的認知等等。

（三）解釋理論學派（interpretive theory）

解釋理論學派的主要論點，包括胡賽爾提出的現象學、喬治‧米德（Mead）的自我中心學、柯來（Cooley）的「鏡中我」，以及湯姆士（Thomas）的「情境定義」，該理論的主要目的在於研究人與人之間的互動性質與過程。

【焦點概念】 微觀層面及人際互動

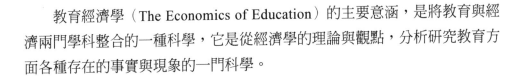

04 教育經濟學

教育經濟學（The Economics of Education）的主要意涵，是將教育與經濟兩門學科整合的一種科學，它是從經濟學的理論與觀點，分析研究教育方面各種存在的事實與現象的一門科學。

一、教育經濟學的意義

教育經濟學是應用經濟學的一種，其主要意義在於透過研究有效生產與分配教育上的現有資源，以滿足每一個人對於教育財所需求的慾望，特別是側重教育部門中各種資源分配的效率、人力供需的配合、教育計畫的擬定，以及教育對經濟發展、社會福利影響與公平原則等所產生的短期與長期的影響。換言之，教育經濟學的概念，主要圍繞在教育發展的經濟概念與經濟需求上的滿足。

二、教育經濟學的範圍

教育經濟學的探討範圍，主要在於經濟的有效生產與分配範圍等，只要適用於教育方面的，都是教育經濟學研究的範圍。有關教育經濟學的範圍，簡要說明如下：

（一）教育與人力分配

教育經濟學的研究範圍，主要在於教育與人力的分配問題，例如在學校的規模大小和人力需要多少配置等，這些配置是否合理、合乎效率效能的要求等。

歷史大事年表

1960	1970
萌芽時期	發展時期

（二）教育與經濟

教育經濟學的研究，在於分析教育與經濟之間的關係，包括教育如何從經濟的角度進行發展、經濟如何影響教育的發展、教育與經濟之間的相互關係等，都是教育經濟學探討的範圍。

（三）教育與勞動力市場

教育與勞動力市場的探討，指的是教育活動的供與需方面的議題，包括教育活動的設計與實施如何回應勞動市場的需要、勞動市場的人力需求如何影響教育的發展、彼此之間存在何種關係。

（四）教育供需方面的議題

教育供需方面的議題，探討的是教育活動本身在供與需方面的議題，透過教育活動供與需方面的理論性與實務性探討，瞭解教育活動如何規劃。

（五）教育成本問題

教育成本問題的探究，包括教育活動所需的經費、人力、資源等方面的問題，透過教育的成本分析，可以瞭解教育活動過程，所需要的人、事、時、地、物等方面的成本問題。

（六）教育投資

教育投資的問題在於分析教育活動中的「輸入─輸出」問題，透過投資的概念分析，瞭解教育活動實施的成效和成果，作為學校教育改革的參考。例如，金錢的投資、人力的投資、社會的投資等。

（七）教育收益

教育收益的主要用意在於探討教育活動實施之後，所帶來的效益問題。透過教育活動的實施，帶來多少的收益問題。例如，人的改變、智慧的成長、素質的改變等。

（八）教育投入與產出

教育投入與產出指的是，在教育活動中所有的投資和產出之間的關係。

1980

成熟時期

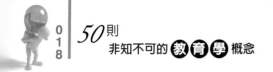

（九）教育財政

教育財政議題主要在探討和財政有關的教育問題。

（十）教育計畫

教育計畫探討的是教育活動的計畫議題，如何有效的規劃教育活動，透過教育計畫的探討與教育成效的分析，提供教育規劃方面的參考。

三、教育經濟學的研究目的

教育經濟學的主要研究目的，是運用經濟學上的各種理論與原理原則，使教育資源的運用與分配，可以達到合理的程度，並且能充分的運用各種資源，透過教育經濟學的研究，可以提高教育品質，並且改善各種教育制度實施的效率和生產力，促進國家全盤的發展。換言之，教育經濟學的研究，是將經濟學的理論與方法，運用在教學活動上的研究，透過理論與方法的運用，使教育活動的進展，可以達到經濟學上的要求。

四、教育經濟學的發展與演進

教育經濟學的主要演進，是奠基於教育投資論上，其次是教育生產功能論，教育計畫的經濟等三方面。教育投資論的基礎奠定在 1900 年以前，主要的理論發展是透過投資理論的探討，分析教育投資的問題；教育生產功能論的發展在 1910 年代才初具雛形，主要是研究教育投資論的發展，針對教育生產功能與相關議題，進行學理與實際方面的論述；教育計畫的經濟面則在 1930 年代以後成形。上述的三大理論，透過不同角度、不同背景分析教育投資與經濟方面的相互關係，並進而提供教育活動的建議。

五、教育經濟學的功能

一般教育經濟學的功能，透過理論發展與研究歸納，可約略分成四點，簡要說明如下：

（一）教育資源的有效分配

教育經濟學的發展，主要是透過理論與實際的分析，提供教育發展適當的建議，可以使教育資源能夠作充分的分配與有效的運用。

（二）提升教育制度的效能

教育經濟學的研究，是針對制度的效率與效能方面，進行學理與實際方面的探討，透過研究與分析提高教育制度的效率及生產力。

（三）提供教育政策決策參考

教育經濟學的研究，對於教育政策的計畫、執行、考核等，進行效率與效能方面的嚴謹分析，有助於提供政策決定的參考。

（四）促進社會經濟的和諧

教育經濟學的發展與研究，可以促進經濟社會的安定與和諧，並且加速均富樂利的社會發展。

六、教育經濟學的研究對象

教育經濟學的主要研究對象，包括教育在經濟方面的增長，以及教育在社會經濟發展中的地位和作用，內容包括教育支出的微觀和鉅觀方面的經濟效果。前者的研究範圍包括教育經濟方面的各種成長與改變，後者包括教育在社會經濟中發展的功能與作用。

七、教育經濟學的研究方法

教育經濟學是一門社會科學。馬克思主義教育經濟學以辯證唯物主義和歷史唯物主義為方法論基礎，堅持理論聯繫實際的原則，闡述教育與經濟之間關係的原理和規律。同時，它根據設定的前提，運用數量分析方法，對數據資料進行計算、分析，檢驗有關教育與經濟之間的關係和預測這一關係的變動趨勢。

目前得出的較為一致的看法是：教育和經濟增長之間存在著如下的關

係，即一方面，經濟增長本身要求教育部門輸送大批有一定技術文化水平的勞動者；另一方面，教育事業的發展始終是同一國的國力相適應的，經濟愈發達，愈有可能提供較多的教育費用，促進教育的發展。一國可能用於發展教育的經費多少，歸根結柢要受本國財力所制約。只有在經濟持續增長，財政收入不斷擴大的基礎上，才能使教育經費的絕對額以及教育經費在財政支出中的比重，逐年增大。

教育和社會主義社會經濟發展之間，存在著如下的關係，即單靠發展生產力，是不可能建成高度物質文明和精神文明相結合的社會主義社會的。教育是培養人、造就人的事業，它既促進物質文明的發展，又促進精神文明的發展。無論是政治思想、社會評價標準、人與人之間的道德倫理關係，還是勞動者自身的發展，都離不開教育。在社會主義條件下，教育的發達與否，教育質量的高低，直接和間接地影響著社會的物質文明建設和精神文明建設，並影響到兩者相結合的程度。

【焦點概念】教育投資的概念

筆記欄

05 教育研究法

教育研究的意義，依據王文科、王智弘（2013）的論點，包括下列幾種說法：

1. 教育研究是社會科學及行為的研究，所涉及的討論，乃指有關教育歷程中，一切人類行為相關的現象；

2. 教育研究是一種針對教育家關注的事件，發展成為有組織的科學知識體系，為其導向的活動；

3. 教育研究是正式的、系統的應用科學方法於教育研究問題，其目標，……質言之，在於解釋、預測，以及控制教育現象。

綜上所述，教育研究的意義在於採用科學方法探討教育領域的問題，基於研究重點的不同，分成理論的研究和實際的研究；論其目標，乃在於組織教育的知識體系、解決教育的問題，並推動教育的發展（王文科、王智弘，2013）。

一、教育研究的概述

一般有關教育研究的概述，通常包括人類知識的來源、科學方法的性質、教育研究的意義與問題、依目標區分的教育研究類別、依方法區分的教育研究類別、教育研究的相關概念，透過上述概念的分析，有助於釐清教育研究各種基本的問題，提供清晰的、系統的、概念的教育研究法輪廓。

歷史大事年表

1961	1991
教育研究萌芽期	教育研究茁壯期

二、研究計畫的準備及撰擬

研究計畫的編擬和準備是執行研究的重要步驟，透過研究計畫的思考，有助於研究者思考與教育有關的問題，透過問題的蒐集、分析、整理、理解、詮釋、歸納等，提出解決問題的策略。在教育研究法中，有關研究計畫的準備與撰擬，一般分成：(1) 研究問題的選擇；(2) 文獻探討；(3) 選擇樣本的方法、研究工具的選用與編製、研究計畫的撰寫與評鑑等方面的主題。

三、主要的教育研究法

教育研究法的主要意義，在於透過各種研究方法，瞭解教育上的各種問題，並進而解決教育上的問題。一般最常使用的教育研究法，簡要分析說明如下（王文科、王智弘，2014）：

（一）歷史研究法

歷史研究法是指有系統的蒐集及客觀的評鑑與過去發生之事件有關的資料，並考驗個別事件的因、果或趨勢，以提出準確的描述與解釋，進而有助於解釋現況及預測未來的一種歷程。

（二）調查研究法

調查研究法是採用問卷、訪談或觀察等技術，從母群體中，蒐集所需要的資料，以決定母群體在一個或多個社會變項或心理變項上的現況，或是探討變項之間的關係。

（三）觀察研究法

觀察研究法主要意義，在於透過各種觀察技術、觀察工具、觀察方法等，蒐集教育現場的各種現象或行為，並依據事先擬定的架構，分析各種教育現象與變項之間的關係，並且描繪各種教育現象與教育問題的方法。

（四）個案研究法

個案研究法是為了達成觀察社會的實際工作，並將所得的社會資料作有

系統組織的方法。個案研究法的運用，分成探索性個案研究、描述性個案研究、解適性個案研究等（王文科、王智弘，2014）。探索性個案研究的重點在於研究與處理 what 形式的問題，例如，高效能的學校是運用什麼方式運作？描述性個案研究處理的問題是 who、where 的問題；解適性個案研究處理的問題，包括 how 與 why 的問題。

（五）內容分析研究法

內容分析法（content analysis）的主要目的，在於解釋教育發展某一段特定時間，某現象的狀態；或在某段時間內，該現象的發展情形。內容分析研究法的類別，一般包括概念的分析、編纂、描述性敘述、詮釋性分析、比較分析、普遍化分析等類型。

（六）人種誌研究法

人種誌研究法是在教育研究法中，蒐集資料的基本策略。和人種誌研究法有關的名稱，包括教育人類學、參與觀察、田野研究、自然探究等名詞。人種誌的研究法，是對教育社會的情境與團體作分析的描述，透過對於人的生活與教育關係的過程、方式和問題的分析，透過資料蒐集的策略，可得知人在社會情境中的知覺。

（七）相關研究法

相關研究法的主要意義在於蒐集資料，以決定兩個或多個可數量化的變項之間是否有關係存在，以及彼此之間的關係及於何種程度；關係程度以相關係數表視之。例如，研究國小學生學習動機與學習興趣之間的相關，就必須透過相關研究法的運用，才能瞭解學習動機與學習興趣的相關程度。一般而言，相關研究法分成關係研究與預測研究（王文科、王智弘，2014）。

（八）事後回溯研究法

事後回溯研究法又稱為解釋觀察研究法或原因比較研究。事後回溯研究法的主要意義，在於有系統的實證探究方法，其中科學家並未直接控制自變項。因為它們如不是早已發生過的，就是自始即不能被操縱，只能從自

變項和依變項的共存變異中，推論各變項存有的關係（王文科、王智弘，2014）。

（九）實驗研究法

實驗研究法是透過研究方法考驗因－果關係之假設的方法，同時是解決教育上理論與實際的問題，以及推動教育成為一門科學的有效途徑。在運用實驗研究法時，研究者至少要操縱一個自變項，並控制其他有關變項，觀察一個或多個變項的結果（王文科、王智弘，2014）。例如，王老師想要瞭解資訊融入教學對國小學生學習動機的影響，就可以運用實驗研究法，選擇一個實驗組與對照組，分析比較資訊融入教學對於學生學習動機的影響。

四、資料分析與解釋

研究資料的分析與解釋，是教育研究實施的重要階段。研究者透過各種研究方法蒐集的資料，為了瞭解這些資料相互之間的關係，或是釐清在教育發展中的現象，需要透過各種統計方法，描繪不同變項之間的相互關係。一般的資料分析與解釋，需要用到敘述統計與推論統計等方法。

（一）敘述統計

敘述統計是將一群數或觀察轉換成指數，將資料透過敘述的方式，呈現出來提供給有興趣的研究者或實務工作者。敘述統計的呈現方式，包括次數分配、直方圖、次數多邊圖等。

（二）推論統計

推論統計的運用，是研究者從母群體中抽取具有代表性的樣本，依據從樣本的觀察（或調查中）取得相關的資料，透過對於資料的統計處理，提出相關的統計推論，稱之為推論統計。一般教育研究的推論統計，包括母數檢定、司徒登分配、相關係數統計顯著性、百分比差異的顯著性考驗、變異數分析、共變數分析、無母數檢定等。

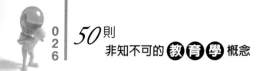

（三）研究報告的撰寫與評鑑

研究報告的撰寫是教育研究法最後的階段，透過研究報告的撰寫，以提供相關的學術建議，並針對教育現象的各種問題，分析問題的癥結，以提出相關的建議。

有關研究報告的撰寫，為了讓對教育研究有興趣的人士，研究報告的撰寫格式，必須有統一的格式和規範。研究報告的撰寫，一般多會依據美國心理學學會（American Psychology Association，簡稱 APA）倡導的研究規範。一般的研究報告內涵包括：

1. 緒論。
2. 文獻探討。
3. 研究方法。
4. 結果與討論。
5. 結論與建議。
6. 參考文獻。

五、教育研究法的應用

教育研究法的應用一般在於關心教育發展與實施中，所產生的各種問題，希望透過對教育問題的蒐集、分析、釐清、瞭解、探討等步驟，運用各種研究的方法，使資料或現象加以釐清，或使之系統化、概念化等，並且透過相關文獻的比對和論證，提出解決問題的策略與方法。

筆記欄

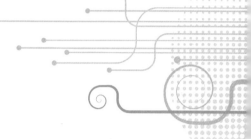

06 比較教育

比較教育，望文生義可以瞭解其透過各種方法，分析比較教育領域的各種問題，並進而提出學理方面的建議，作為行政決定的參考。有關比較教育的概念，簡要說明如下（林清江，2006）。

一、比較教育的意義

比較教育的意義包括三個重要的性質：第一，比較教育是一種國際性的研究；第二，比較教育是一種科技統合的研究；第三，比較教育是一門介於社會科學、教育及國際研究的學科。透過上述比較教育意義的探討，可以瞭解比較教育是一種橫向與縱向的整合學科。比較教育是指一種研究活動或一門學科，從研究的方法中從事國與國之間、文化與文化之間教育現象的比較活動。比較教育是以科技統合方法，比較教育發展或實施的問題，探討其成因與解決途徑，並建立社會科學理論的教育與國際研究領域（林清江，2006）。

二、比較教育的發展

依據比較教育發展方面的文獻探討，一般將比較教育的發展分成三個重要的階段，茲簡要說明如下（林清江，2006）：

（一）主觀研究與教育借用時期

此一時期的比較教育研究，主要特性在於透過各種主觀因素的研究，以各主要國家教育制度的必要性與可能性，作為比較分析的方法，探討國內有

歷史大事年表

1900以前	1900
主觀借用時期	重視影響因素時期

關各種教育制度的實施與發展上的意義。主觀研究與教育借用時期的研究，是希望透過主觀研究所得的結果，應用到教育改革上，將研究結果化爲實際的教育改革內容，因此容易產生偏差的現象。

（二）教育影響因素的重視時期

教育影響因素的重視時期，主要源自於教育研究重視各國家的歷史背景及文化傳統，視爲教育制度的發展基礎。在進行教育方面的比較研究時，應該要同時透過一系列歷史及社會因素綜合分析及解釋教育制度，才能達到比較教育研究的目的。此外，此一時期的比較教育研究，重視教育背景中各種影響因素的分析，例如，教育發展的經濟發展因素、政治發展因素、文化背景因素、社會文化脈絡因素等。

（三）比較教育的科學研究時期

比較教育的科學研究時期，一般指的是第二次世界大戰以後，有關比較教育方面的研究。此時期的比較教育研究，無論在研究觀念、研究方法、研究技術等方面，都已經達到成熟的階段。在比較教育研究過程中，研究者不僅重視理論基礎，另一方面也重視數量化的證據性研究上的價值。換言之，科學研究時期的比較教育，研究過程中重視科學證據的分析，與教育發展中主要的影響因素等。

比較教育研究歷經上述三個時期的發展，在研究方法論的採用、研究過程的嚴謹性、研究結果的應用等方面，都已經相當的成熟，研究結果與教育應用已經作了緊密的結合。

三、比較教育的研究方法

比較教育的研究方法，一般源自於社會科學的研究，並透過研究方法的運用，針對教育制度與發展，進行橫向與縱向的分析。針對研究結果，提供教育發展與教育制度方面的處方性策略，引導教育發展與教育制度的建立。

1960
社會科學方法時期

2000
復興時期

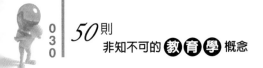

（一）比較教育研究的重要概念

一般從事比較教育研究者，都瞭解比較教育研究的重點在於瞭解別人，更重要的在於認識自己。在比較教育的研究歷程中，要避免以自己的價值觀衡量他人的行為，以自己的立場評論他人的制度。比較教育研究，在觀念的應用方面，應該建立下列重要概念，以避免產生推論錯誤或謬論。比較教育研究的重要概念，一般分成：

1. 文化相對論的認識。

2. 我族中心主義的避免。

3. 不當比較的避免。

4. 比較結果適用程度的認識。

（二）比較教育的分析步驟

比較教育的分析步驟，一般分成描述、解釋、併排、比照研判等四個重要的步驟：

1. 描述：指的是描述各種教育事實、現象、觀念、態度等。

2. 解釋：將教育的各種事實、現象、觀念、態度等作各種現象的推論與說明。

3. 併排：指的是教育制度或問題經過解釋之後，瞭解各種真相，並進行相互比照研究。

4. 依據前三個步驟已經形成的推論，並獲得結論。

（三）比較教育的研究層次

一般而言，比較教育的研究層次包括五個重要的層次（林清江，2006）：

1. 分析教育制度，提供比較上的知識。

2. 選定特殊問題，從事文化與文化之間的綜合分析。

3. 更精確的擬定研究問題，以便探討此項問題的動態發展過程。

4. 從事協調性及改革性的比較研究。

5. 比較教育成為交流及決策的輔助工具。

比較教育研究的對象，在於分析不同國家的教育發展與教育制度，因而在研究層次方面，必須考慮各個國家的社會文化脈絡，以及國家發展的歷史，作為比較教育研究的基礎。

（四）比較教育的研究類型

比較教育的研究類型，一般分成下列幾種：

1. 問題中心法

問題中心法的目的，在於透過單一的問題或多種問題，針對教育議題，進行比較研究，從問題中心法的歸納分析，提出不同國家的教育制度實施上的意義。

2. 社會學分析法

以社會學的理論與比較教育學的融貫，針對教育制度與教育發展，進行分析比較研究。

3. 經濟學分析法

經濟學分析法的概念，來自於教育投資與經濟發展上的需要，從經濟學的角度，進行比較教育的研究。

四、比較教育的研究內涵

一般而言，教育的發展，受到政治、經濟、文化、社會等多重因素交互作用的影響。比較教育的研究，無法從單一層面分析不同教育體系中的制度，進而提供具體的建議。一般比較教育的研究層面，包括主要國家的教育制度、教育問題的分析比較。

（一）主要國家的教育制度

在主要國家的教育制度比較研究方面，一般最常被拿來作為分析比較的國家，包括臺灣、美國、法國、西德、英國、蘇俄、希臘、日本、韓國、中國大陸等。在分析上述國家的教育制度內容方面，包括社會經濟背景、教育

制度沿革、現行教育制度、教育問題與動向。

（二）教育問題的分析比較

在教育問題的分析比較方面，透過上述主要國家的教育制度比較研究，針對各國教育問題進行併排式的分析比較；在教育問題的比較內容方面，包括初等教育、中等教育、職業教育與建教合作、師範教育、高等教育、成人教育、教育行政等方面的內涵。

五、比較教育的應用

比較教育的研究，主要目的不僅僅在於分析不同國家、不同社會經濟、文化政治等情境脈絡的教育發展，同時在於透過瞭解他人的制度，提供自己在教育發展上的參考。如同比較教育學者 Bell 之言，「比較研究的目的不僅僅在於瞭解他人，更重要的是在於認識自己。」

筆記欄

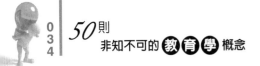

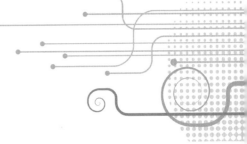

07 教育評鑑

　　教育評鑑的主要意義，在於針對教育發展、教育實施、教育服務等方面的教育活動，運用專業的標準，檢視教育成效的重要活動。評鑑是健全的專業服務最基本的構成要素之一，專業人員的服務對象應該要獲得符合需要、品質良好、最新及有效的協助。有關教育評鑑的意義，簡要說明如下。

一、教育評鑑的意義

　　想要理解教育評鑑的意義，要先瞭解評鑑的定義。有關評鑑的定義，Stuffebeam 指出，「評鑑的目的在於改進，不在於證明。」評鑑的意義，依據美國教育評鑑標準聯合委員會（the Joint Committee on Standards for Educational Evaluation）將評鑑定義為，「評鑑乃是有系統的評估某一對象的價值或優點。」（黃光雄，1989）出上述的定義，不難看出教育評鑑的主要意義，在於有系統的評估教育方案、計畫、實施、活動等的價值與優點，作為改進教育方案的依據或參考。

二、評鑑的途徑分析

　　一般而言，評鑑的途徑包括假評鑑、準評鑑、真評鑑等三個重要的途徑。有關評鑑的途徑分析，簡要說明如下：

　　（一）評鑑的變通概念

　　有關教育評鑑的發展，大部分依據評鑑目的與標準，而決定採用的評鑑途徑。評鑑的實施，一般分成三種主要範疇：(1) 政治導向的評鑑：一般採

歷史大事年表

1949	1975
萌芽初創階段	成長擴展階段

用祕密進行的評鑑，或是用來對被評鑑的目標產生積極或消極觀點的評鑑，而不是客觀地評估被評鑑目標之價值與優點；(2) 以解決特定問題爲導向的評鑑：主要用意在於針對特定問題而實施的評鑑，其解答不一定能評估被評鑑目標之價值與優點；(3) 被評鑑目標之價值與優點：主要用意在於針對被評鑑目標之價值與優點，進行研究的評鑑途徑（黃光雄，1989）。

（二）假評鑑

假評鑑的主要目的，在於使用不適當的評鑑來達成特定的目的。此一評鑑的運用，並非是嚴謹地蒐集有用的資訊，而是有針對性或有選擇性地發布對自己有利的訊息或研究發現。一般而言，假評鑑的特性包括祕密調查、公共關係—授意的研究等。例如，某手機的廣告公司透過經費預算研究的方式，瞭解行動電話基地臺的輻射，對於人體健康是否有害？委託專家學者針對基地臺的輻射量與人體健康關係的研究，將對公司比較有利的訊息發布，而將不利於自己的研究結果隱藏，此爲典型的假評鑑案例。

（三）準評鑑

準評鑑的主要目的在於透過評鑑的實施，提供對評鑑對象之價值及優點的探討；另一方面，評鑑注意的焦點太窄，以致無法深入探討評鑑對象的價值及優點。通常準評鑑的實施是以特定問題爲主，然後以適當的方法解決這些特定問題。一般在教育評鑑中的準評鑑，包括目標本位研究與實驗導向研究。目標本位研究主要是由評鑑者訂出目標，並評估所訂的目標是否已經達成，以決定被評鑑者的努力成效。例如，某高中校長想要瞭解該校「學校本位課程計畫」達成的情形，就可以運用準評鑑的方式，透過研究瞭解該計畫的實施成效。

（四）真評鑑

眞評鑑的意義，在於強調眞正的評鑑工作，反對具有預設立場或偏見的評鑑。因此，眞評鑑的實施在於對評鑑對象價值與優點方面進行綜合性的調查，透過調查研究，提出評鑑報告。一般而言，眞評鑑分成決策導向評鑑、

當事人中心的研究、政策研究、消費者導向的研究。

三、幾個評鑑的模式

教育評鑑的實施,目前在高等教育和中小學教育單位中是相當普遍的活動,透過評鑑工作的實施,有助於針對教育方案提出優點與價值方面,作為政策決策的參考。有關教育評鑑的模式,簡要說明如下。

(一) 目標導向的評鑑

目標導向的評鑑是 Tyler 提出來的第一套教育評鑑方法,在這個評鑑之前,許多方面的研究都將評鑑的焦點放在學生身上及學生的成就評量上面。因此,評鑑常常被拿來和評量視為同義詞。目標導向的評鑑在流程方面包括:(1) 擬定一套目標或具體目標;(2) 把具體目標約略地加以分類;(3) 以行為語詞界定具體目標;(4) 建立可以展示具體目標業已達成的情境或情況;(5) 在某些情況下,向與方案有關的人員解釋評鑑策略的目的;(6) 選擇或發展適當的測量方法;(7) 蒐集行為表現的資料;(8) 比較資料和行為目標(黃光雄,1989)。

(二) Suchman 科學評鑑途徑

Suchman 科學評鑑途徑的主要立論,在於強調任何立論應該要以科學方法的邏輯加以著手研究。Suchman 認為一項理想的評鑑研究,應該要採取古典實驗研究的模式,以符合教育實際上的需要。評鑑計畫目標的訂定及評鑑研究計畫的設計,應視誰主持這項計畫和希望將來如何運用評鑑的結果而定。Suchman 的科學評鑑途徑認為應從該方案執行效果不同而定。在評鑑的類目方面,應該包括:(1) 努力的程度;(2) 各種的表現;(3) 表現的合適度;(4) 效率方面的要求;(5) 過程問題。

(三) Cronbach 的評鑑設計

Cronbach 的評鑑設計重視評鑑的藝術,強調所有的評鑑設計必須配合評鑑對象的特性。Cronbach 對於評鑑主張,評鑑人員必須要瞭解各種可能

的選擇，以便能權衡每項設計的特色所產生的優缺點。所謂的評鑑設計是指以挑選出來的最適合的探討問題爲基礎，以實際和政治考慮爲指引，從事調查資源的分配（黃光雄，1989）。

Cronbach 對於評鑑活動的實施，強調每一個階段，從設計到報告的提出，都需要能獲得一流的資料。一流的資料需要具備下列特質：(1) 清楚：對使用的人，可以看得懂；(2) 及時性：任何人員需要時，能及時提供；(3) 有信度：不同的觀察者也能獲得相似的觀察結果；(4) 有效度：所持的觀念和所採用的測量工具，能掌握實際的效果；(5) 範圍廣：所提出來達成組織目標可能高的其他方案，或是倡議新的目標等。

（四）Stuffebeam 的改進導向評鑑

Stuffebeam 提出的改進導向評鑑概念，主張評鑑主要目的不在於證明，而在於改進的概念。強調除非評鑑的目標能符合服務對象的需求，否則我們便無法肯定這些目標的價值。

Stuffebeam 提出的改進導向評鑑概念，包括背景（context）、輸入（input）、過程（process）及成果（product）等四個重要步驟。上述四種評鑑概念的先後順序，應該要依據評鑑目標而定，並結合評鑑的實際需求。

（五）Stake 的當事人中心評鑑

當事人中心評鑑的概念是 1960 年 Stake 提出的「教育評鑑的全貌模式」（Countenance Model for Education Evaluation）的研究途徑。Stake 認爲人的意圖是會改變的，因此，評鑑工作必須持續性的修正和不斷的調整，才能符合評鑑的目標。評鑑工作的實施，是一種多向度的、彈性的、互相影響的、全面的、主觀而又以服務爲導向的評鑑（黃光雄，1989）。

Stake 的評鑑主要觀點包括：(1) 評鑑應該要能幫助我們看清楚和改進種種的作爲；(2) 評鑑人員應該能夠就評鑑計畫的先在、過程和結果等因素，作清楚的描述；(3) 有關評鑑的邊際效應和意外的收穫，以及預期的結果，都應該詳加探討；(4) 評鑑人員應該避免造成最後總結性的結論，而應該蒐

集、分析和反映所有關心評鑑對象者的種種判斷；(5) 實驗的和標準化的策略常常是不適當的，不能充分達到評鑑的目標（黃光雄，1989）。

（六）抗詰式的評鑑途徑

抗詰式評鑑的發展，是由 Owens 提出的相關評鑑概念。此種評鑑模式具有近似法律性質的方法和組織，透過辯證程序的進行，兩組人員探究教育方案的正反面意見，使主要的爭論得以公開、坦承地澄清。因此，抗詰式的評鑑方式，主要是針對各種教育方案的優缺點，進行各種可能性的辯論，最後提出比較理想的方案。

Owens 提出的抗詰式評鑑途徑，實際運用於教育評鑑上，包括七種方法：(1) 探究新課程或既存課程的價值；(2) 選擇新教科書；(3) 估量革新與現存制度之相合性；(4) 揭示由不同代表對於同一資料的不同解釋；(5) 告知教師、督學及行政人員；(6) 解決效能表現契約的爭論；(7) 達成可執行之決定。

（七）解釋的評鑑

解釋的評鑑主要是想要修正目標式評鑑而提出來的評鑑途徑，該評鑑的方法主張評鑑應該要依據文化人類學的研究典範，不要將預期的教育效果加以測量，而是將整個教育方案，包括理論基礎、演進、運作、成效和困難等方面的問題，作整體而深入的研究（黃光雄，1989）。

解釋評鑑的實施，有三個重要的階段：(1) 觀察的階段：仔細地探討影響方案和革新結果的所有變項；(2) 探究的階段：瞭解觀察的結果之後，以相當輕鬆的方式，瞭解方案中的系統問題，以及評鑑者選擇的重要問題；(3) 解釋的階段：說明蘊藏於方案中的一般原則，並探討方案運作的因果關係類型。上述的評鑑途徑，主要目的在於解釋教育方案的各種內涵、特色和精神等。

（八）Scriven 的消費者導向評鑑途徑

Scriven 的消費者導向評鑑途徑，主要強調評鑑者的角色，具有啟發性的代替消費者（enlightend surrogatec consumer）。評鑑者藉著可以取得適

切及準確訊息的技巧，以及深入理解的倫理觀和共同幸福觀，協助專業人員生產高品質且對消費者有大用途的產品和服務。

　　因此，消費者導向的評鑑，重視消費者的需要，認為評鑑的實施應該以消費者（或委託者）的需要為依歸，形成優質的總結性評鑑。

四、結論

　　教育評鑑工作的實施，不管採用哪一種途徑的評鑑方式，都會有被質疑之處。不管教育評鑑的實施，是教育工作者視為例行工作，或是專業發展的工作項目，或是行事曆上的工作項目，透過評鑑工作的實施，有助於教育人員強化教育專業的精神，則評鑑的目的已經達成了。

【焦點概念】 教育評鑑的階段

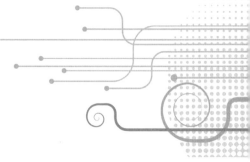

08 教學原理

　　教學原理是教育中的重要學科之一，主要探討的理論與實際方面，在於針對各個階層的教學活動，探討相關的理論、方法、策略與技巧，透過對於教學活動實施的探討與研究，針對改進教學活動提出各種效率的策略。也因此，一般將教學活動視爲一種科學與藝術的結合。一般在探討教學原理的歷程中，主要的範圍與內容，包括教學的科學與藝術、學習的相關理論、教學的相關理論、教學設計與技巧、教學實施與資源、教學評量與檢核等方面，茲簡要說明如下。

一、教學的科學與藝術

　　一般探討教學的科學與藝術時，會從教學活動的科學層面與藝術層面，進行理論與實際方面的論證和探討。將教學活動視之爲科學者，則教學活動必須追求眞實性、系統化、組織化、客觀性高，以達到預測與控制的境地；如果將教學活動視之爲藝術，則教學活動的目的在追求美，在使個體達到賞心悅目的境界。

　　教學的科學與藝術意涵，包含教學活動的主觀與客觀層面、教學活動歷程的精確性與不可預測性。教師如果想要讓自己的教學活動預期達到教學目標，必須融合教學的科學與藝術。探討教學的科學與藝術的學者，最常引用Gage（1978）的著作《教學藝術之科學基礎》，教學活動的最高境界是達到藝術之境，但必須以堅實的科學爲基礎，而眞正想要瞭解教學的意義或成功地從事教學者，必須以堅實的科學爲基礎。

教學活動歷史大事年表

1825	1873
出現「學校」名詞	美國公立學校成立

二、學習的相關理論

教學活動包括教師的教學與學生的學習，因而探討教學活動，也要探討學生的學習活動，瞭解學生學習活動的組成、要素、相關理論、策略與方法等。學習的相關理論，一般包括學習的先決條件、學習理論與教學、有效學習的理論與策略、適應個別差異的學習等。

（一）學習的先決條件

學習的先決條件指的是教學必須以學生的初始狀況作爲它的起點，包括學生的各種特質，例如，有關學習的知識背景、學生智力發展程度、慣用的學習風格等。在學習先決條件方面，還包括年齡、智能發展、學習風格、學習性向、人格特質等。

（二）學習理論

在探討學習理論時，通常包括行爲學派學習理論、認知學派學習理論、折衷主義學習理論、互動學習理論、人本主義學習理論等五個重要學派，對於學習行爲的觀點、主張、學習策略與方法等方面的論點。

（三）有效學習的理論與策略

有效學習的理論與策略方面的探討，一般包括對於學習定義的探討、學習困難的成因與對策、從學習歷程論有效教學的實施等三個重要層面。透過有效學習理論的探討，針對學生在學習歷程中可能產生的學習困難，從教師層面、學生層面、環境層面等，深入探討影響學生學習成效的相關因素，並針對相關因素提出相對應的策略，解決學習困難問題，提出處方性的策略，強化教師的教學與學生的學習成效。

三、教學的相關理論

一般探討教學活動的相關理論，會從心理學、哲學、社會學等三個層面，探討教學活動實施的理論依據，透過對上述三個層面的探討，提出教

學活動所延伸出來的各種要素。教學的重要理論方面,目前包括 Skinner、
Gagne、Bluner、Harbert、Bloom、Ausubel、Torrance、Rogers、Kohlberg、
Raths 等人提出來的教學理論,是最受到學界重視的理論。

在教學的相關理論方面,目前將各種教學理論與方法,分成傳統教學
法、個別化教學法、群性發展教學、概念與思考教學、認知發展教學等。在
傳統教學法方面,包括講述教學法、觀察法、問題教學法、啓發法、討論法、
自學輔導法、社會化教學法、練習法、設計教學法、發表教學法、單元教學
法;在個別化教學法方面,包括文那特卡計畫、道爾敦計畫、莫禮生的精熟
理念、卡羅的學校學習模式、凱勒的學習模式、編序教學法、精熟學習法、
個別處方教學、適性教學模式;在群性發展教學方面,包括群性化教學模式、
合作學習法、協同教學法、分組探索教學;在概念教學法方面,包括創造思
考教學、批判思考教學法、多元智能教學;在認知發展教學方面,包括道德
澄清教學法、價值澄清教學法、角色扮演教學法、探就教學法、電腦輔助教
學等。

四、教學設計與技巧

在教學設計與技巧方面,探討的是教師在教學活動進行時,如何針對
教學上的需要與學習上的需要,進行活動方面的各種設計,並且針對教學設
計,進行教學活動;在教學技巧的運用方面,指的是教師如何透過經驗的累
積與各種教學技巧的運用,解決教學活動進行時所遇到的各種問題,透過技
巧與策略的使用,提高教學品質與學習效果。

(一) 教學設計

教學設計是教師教學的前置工作,也是導向未來教學行動的歷程。如同
建築師在蓋房子前,必須針對蓋房子的所有需要和要素,進行各種規劃與設
計,包括畫建設圖,作為蓋房子過程中的依據。透過教學設計,瞭解未來可
能結果的選擇、預測及方案的決定,教師自己建構一個可以引導教學活動的

參考架構。教學設計同時是未來教學活動的藍本，透過各種教學方案，達到預期的教學目標。

教學設計的形式，包括書面式的教學設計、內心式的教學設計；在設計型態方面，包括單元計畫、每課設計、每週計畫、學期或學年計畫；在教學設計的內容方面，一般包括教學目標、教學內容、教學對象、教學方法、教學資源、教學環境、教學活動、教學時間、教學評量等九個重要的內容。

（二）教學技巧

教學技巧指的是教師在教學活動的進行，除了本身要有豐富的教學專業知能，配合教學專業知能與專門知能，才能使教學活動進行順暢，其中教學技巧的運用更左右教師教學活動進行是否順暢，學生的學習活動是否能收到預期的效果。在教學技巧的探討方面，一般包括如何提高學生的學習動機、如何吸引並維持學生的注意力、如何激發學生學習上的好奇心、教學程序的變化與運用、教學技巧的變化與應用等方面。

在提高學生的學習動機方面，探討議題包括動機的意義與理論、學生學習動機低落的成因、提升學習動機的自我調整策略、提高學習動機的有效策略；在吸引並維持學生的注意力方面，包括充實教室的基本設備、建立正向期望與信心、具體說明學習價值、引導學習專注的策略；在激發學習上的好奇心方面，包括激發與好奇、激發學習好奇心的策略、激勵學習好奇與學習好奇心；在教學程序的變化與運用方面，包括教學程序的擬定、教學程序的變化；在教學技巧的變化與運用方面，包括教學技巧的評估、教學設計的評估、教室教學的微觀觀察、教學活動的明確性；在教導學生如何專注方面，包括設定各部分的工作目標、經常變化各種不同活動、經常提供各種練習機會、隨時謹記大目標和小目標、提出問題檢核理解程度、為學習概念舉例說明、尋找所學習的運用機會、擬定定期的休息計畫、監控自己的注意力等。

五、教學實施與資源

在教學實施與資源方面，探討的是教師教學情境的營造、各種教學問題的解決、教學資源的應用等問題。

（一）教學實施

教學實施方面，一般探討的是教學情境的營造，包括調整不當的學習策略、教學氣氛的營造、教師期望與學生學習、強化同儕良性競爭的教學、創造思考與批判性思考教學；在實際層面，包括教學法與教學效能、教學歷程的建構、個別化教學方案的運用等方面的議題。

（二）教學資源的應用

教學資源的內容包括在教師教學活動進行與學生學習活動進行，有任何幫助或輔助作用的，都是教學資源的內容。教師在教學活動進行前、中、後等階段，都會將各種有助於教學活動進行的資源列出詳細的清單，做好事先的規劃，使教學活動的進行更順利。一般教學資源的內容包括人的資源、事的資源、時的資源、地的資源、物的資源、團體與組織的資源、資訊與科技等方面的資源。

六、教學評量與檢核

教學評量是協助教師瞭解學生的學習變化情形，同時引導教師反省教學活動的實施情形，作為改進教學的參考，並據而形成新的教學計畫。探討教學評量與檢核時，在內容方面包括教學評量的性質與原則、教學評量的向度與類型、另類評量的應用、運用評量原則重建教學流程、運用原則檢核教學流程、運用原則評量教學成果等。

（一）教學評量

一般人將教學評量和考試、月考、期中考、期末考等名詞，視為同一個概念。其實，教學評量的概念是相當複雜的，包括與教學有關的各種要素。

教學評量依據不同的教學階段，而有不同的概念。例如，教學前的階段，教學評量是用來安置學生（例如，編班分組）、選擇教學程序及瞭解學生的先前概念、預備情形等；在教學中的階段，教學評量可以用來確定目標是否達成，作為調整教學程序的依據；在教學後的階段，教學評量用來瞭解教學目標的達成情形、瞭解學生的學習改變情形，作為教師決定是否補救教學的依據等。

（二）教學檢核

教學檢核是在教師教學活動結束之後，針對教師的教學設計，進行各種專業上的檢查與評鑑工作。透過教學檢核的實施，引導教師作教學成效的反省，以作為形成新的教學計畫上的參考。一般的教學檢核，包括教學前的檢核、教學中的檢核、教學後的檢核。

教學前的檢核項目包括教學活動設計、教學情境布置、教學方法選擇與應用、教材選擇與應用、教學媒體的運用等；教學中的檢核項目包括掌握教學流程、師生互動情形、班級經營與常規管理方面；教學後的檢核項目包括教學評量方面、形成新的教學計畫等。

【焦點概念】新世紀的教學挑戰

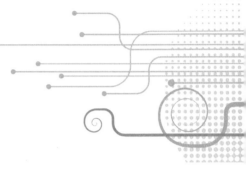

09 課程設計

課程設計（curriculum design）和課程發展（curriculum development）在早期的課程文獻中，被稱之為課程編製（curriculum making）或課程建構（curriculum construction）（黃政傑，2012）。一般來說，課程設計指的是課程的組織形式或結構，就是針對課程各種因素，作專業方面的組織與安排，就稱之為課程設計。例如，某中小學想要發展學校本位課程，或是學校的特色課程，就必須針對學校的特色、學校教育目標、學校現有的資源，結合社區的特性、社會要求與國家教育政策，將課程的各種因素，作專業方面的組織與安排，使之成為學校各單位可以執行的課程與教學。

一般而言，談到課程設計的相關議題，通常會包括下列主要的課題：

一、課程設計的基本概念

（一）課程設計的科學化運動

在教育領域中，課程成為專門的研究領域，源於科學的課程理論，早期的主要領導人物是 Bobbit 和 Charters 兩位，其中以 Bobbit 提出的理論最有系統化，其對於課程發展最大貢獻在於提供課程研究的科學方法。

（二）課程設計的基本概念

課程（curriculum）的原意是跑道，引申為學習經驗，即學生學習必須遵循的途徑。所以，學習和旅行一樣，按照已有的跑道和路徑，較為便捷和安全的延伸意義。

黃政傑將課程歸類為四大類：「課程即學科」是最傳統、普遍的方式，

課程發展歷史大事年表

1960	1970
教學本位的課程發展	統整課程

此一定義具體，但易流於學科本位或因課程改革而教材零碎。「課程即經驗」重視學生與環境交互作用的經驗及其產生的學習，可指潛在課程的部分。「課程即目標」主張課程是一系列目標的組合，強調目標的明確性與可觀察性，期能藉以引導所有的課程設計，限制在於明確劃分手段和目的後，課程中排除了如何學習與教學的部分，並且固定了學生的學習結果，與強調創造力學習的本質不合。「課程即計畫」認為課程便是學生的學習計畫，包含了學習目標、內容、活動，甚至評鑑的工具和程序，同時也強調「預先計畫」的觀念，缺失為易於忽略未計畫部分，或是教師忠實地執行教學計畫而不知變通。

二、課程設計的相關理論

課程設計的相關理論，提供課程設計與發展的理論基礎，作為課程設計的指導方針。目前課程設計的相關理論，包括四個主要的理論：

（一）學科取向的課程設計理念

學科取向的課程設計，主張課程的所有思考都要從學習出發，引導學生從學習中進入學科領域，使學生成為學科社區的一分子，學生不但要獲得學科知識、求知方法，也要養成認同於學科的態度，尊重學科的傳統。因此，課程是為了學科而存在的。所有課程的設計與思考、運作都要以學科為核心，進行課程實施。

（二）學生取向的課程設計理念

學生取向的課程設計理念，主要是強調課程設計與實施過程，都要以兒童中心或兒童研究為主的理念。因此，課程的設計要以學生興趣、特性、需求等為主要核心，強調學生中心、活動、發展、統整等相關的概念。

（三）社會取向的課程設計理念

社會取向的課程設計理念，將學校視之為社會機構，認為其存在的原因是因為社會有教育下一代的需要。在社會取向的理念中，主張學校應該要為

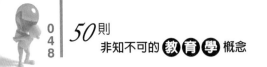

社會服務，應該以社會利益爲第一優先。社會取向的課程設計理念，包括主張課程應該協助學生適應現有社會的社會適應觀；另一派主張課程應該提升學生的批判能力，培養其建立新目標的技能，以促成有效的社會改變之社會重建觀（黃政傑，2012）。

（四）科技取向的課程設計理念

科技取向的課程設計理念，主張科技應用到課程設計上的兩種方法，第一是對於系統使用某種媒體和器材於課程中加以計畫，以及依據行爲科學原理設計教學順序；其二是課程設計模式的建立，依照模式中的法則實施課程設計，更有效地形成理想的成品（黃政傑，2012）。

三、課程設計的模式

課程設計模式的建立，是研究課程的學者希望透過標準流程的規劃，促使課程設計趨向系統化和科學化的過程。一般在課程設計模式的探討中，大都包括以下四方面的探討：

（一）模式的意義與作用

探討模式的意義與作用，主要的用意在於說明課程設計的模式與應用。一般所謂的課程設計模式，包括課程的要素、課程設計的程序、不同程序之間的相互關係、課程包括的要素等，透過上述要素以及要素間關係的說明，就成爲課程設計的模式與作用。課程設計模式的建立，有助於研究課程學者，瞭解課程設計的主要流程、原理原則有哪些，透過系統化與科學化的模式探討，能針對課程發展與實施，提出具有學理基礎的改進意見。

（二）泰勒的模式

一般探討課程設計模式，都會提到課程的「泰勒模式」或「泰勒法則」。泰勒在 1949 年出版《課程與教學的基本理論》一書，提出課程設計的四個基本問題：(1) 學校應該達成何種教育目的？ (2) 爲達成這些教育目的，應該提供哪些學習經驗？ (3) 這些學習經驗應如何有效地組織起來？ (4) 如何

確知教育目的達成與否？在泰勒之後，又有學者專家針對泰勒的課程設計模式，提出各式各樣的補充模式，例如，塔巴的模式、惠勒的模式、索托的模式等等。

（三）課程設計的寫實模式

課程設計的寫實模式又稱為自然模式，是由 Walker 提出來的模式。該模式強調課程設計應該忠實地呈現實際課程發展現象，避免傳統課程設計受限於目標模式的支配。課程設計的寫實模式，包括課程的立場（platform）、慎思過程（deliberation）及設計（design）等三個成分。

（四）課程的目標模式與過程模式

課程設計的目標模式，主要精神在於目標取向的理念。目標模式要求課程設計者，由目標的建立出發，去設計課程。課程設計的主要考慮點是學校要達到哪些目標，這些目標在課程設計與實施中，如何透過各種形式展現出來。課程設計的過程模式，主張課程設計不必受限於目標，而是從內容和活動的設計開始，重視教學的過程和學生在過程中的學習經驗，提供學生各式各樣自由創造的機會，以產生各式各樣的學習結果。

四、課程目標與課程選擇

課程目標的確立，是課程設計的第一步。有了課程目標之後，課程設計就必須依據課程目標，選擇相關的經驗與內容，進而組織經驗，落實課程實施與課程評鑑。

（一）課程目標

在課程研究中，有關課程目標的論述，通常包括課程目標的重要性、課程目標的分類、課程目標的分析、課程目標的敘寫等方面。課程目標的內容，一般依據人類經驗、知識文化、當代生活、學生需要等，並且透過教育哲學與教育心理學的過濾。

（二）課程選擇

課程選擇探討的議題，包括理性選擇的重要性、優先與均權問題、內容的選擇、活動的選擇、如何運用課程選擇的規準等。課程選擇通常需要透過價值判斷的歷程，針對生活中最備受重視的知識，進行需要性與重要性的篩選，成為學校教育的內容。課程選擇具有相當的政治性，需要從事課程設計者，作理性與感性的判斷。

五、課程組織與課程評鑑

課程組織與課程評鑑，是課程設計中重要的流程和步驟。課程組織的重要性，在於將課程的要素作為組織的經緯線，將各種學習經驗組織起來。課程評鑑的意義，在於課程實施結束之後，透過評鑑的實施，瞭解課程目標達成的情形。

（一）課程組織

課程組織討論的是課程組織的基本概念、學科課程、活動課程與核心課程等三種課程組織的型態。在課程有效組織的規準中，包括順序性、繼續性、統整性、銜接性等，並探討垂直組織與水平組織的各項原則。

（二）課程評鑑

課程評鑑主要目的在於確保課程實施的成效，使課程實施達到預期的目標。課程評鑑部分會涉及課程評鑑的基本概念、課程評鑑的途徑、課程評鑑的模式、課程材料的評鑑等方面的議題。

六、課程實施與相關議題

課程實施是課程設計的重要關鍵，透過課程實施，可以將課程目標付諸於課程活動中，並確保課程實施的成果。課程實施是將課程計畫付諸行動的過程，其主要目的在於縮短理想與現實間的差距。課程實施的探討，包括忠實觀、相互調適觀，以及課程實施的層次等方面的探討。

【焦點概念】課程設計的模式

筆記欄

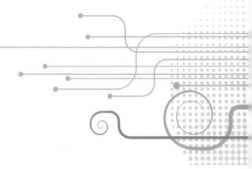

10 課程評鑑

　　課程評鑑的主要目的在於透過各種策略與方法，瞭解課程實施的成效問題。黃政傑（2003）指出，學校課程範圍與評鑑之關係，在於課程是具有計畫的、運作的、經驗的層面，運作者和經驗者對課程的知覺可能有所差異，乃衍生出知覺課程的概念；學校課程涵蓋科目、目標、計畫及經驗，同時也涵蓋理想課程、知覺課程、運作課程、經驗課程等層面；課程評鑑之範圍不只有在正式課程，其非正式課程（以活動的形式出現）及潛在課程（教師之身教、學校之境教和制教）也應一併納入學校課程範圍與評鑑（林香河，2012）。其關係如圖 10-1 所示。

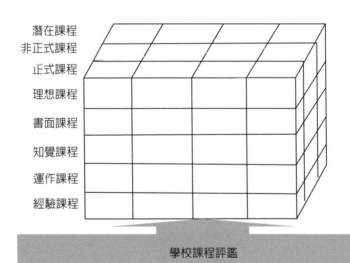

圖 10-1　學校課程範圍與評鑑

一、課程評鑑的定義

課程評鑑是結合課程與評鑑兩項意涵進而形成。Hill（1986: 13-15）指出，課程評鑑奠基於：(1) 改變真實行為最重要的要件；(2) 課程評鑑必須始於一個重要問題；(3) 每一所學校即為課程評鑑的首要單位，課程評鑑是在於回饋並改善課程、教學和學習；(4) 課程評鑑是整合課程、教學和學習；(5) 每一個課程評鑑歷程都是獨立的；(6) 課程評鑑潛在地提供學校所有的人員，創造新的意義，因此，需要理解課程評鑑的意涵，方能明白課程評鑑對學校所有人員的重要性。

黃嘉雄（2004）認為，課程評鑑是針對某一課程範圍，就其發展、實施與結果等層面之一部分或全部，採系統化探究方法，蒐集、解釋、報告和運用其相關資料，進而判斷其內在品質和效用價值，以增進評鑑政策委託者、課程發展者和該課程範圍利害相關人士之理解與作決定的過程。

綜上所述，課程評鑑是評鑑在課程領域的應用，它是一歷程，在歷程中採取蒐集資訊、促進課程最理想的安排、教學達到最好的教法，增進、擴大、理解學習者的潛能，而在教育課程中作出判斷與決定其優點或價值。此外，它更是整合性的教學設計用來瞭解學校成敗的方式之一。

二、課程評鑑的目的

黃政傑（1991: 352-353）歸納學者專家的觀點，指出課程評鑑至少有七個目的：(1) 需求評估：先調查社會及學生的需求所在，作為課程規劃的依據。(2) 缺點診斷：蒐集現行課程之缺點及成因，作為課程改進之用。(3) 課程修訂：藉由評鑑方法，反覆尋找課程的優缺點，擬定新方案，令其達到完美的境地。(4) 課程比較：藉由評鑑，瞭解不同課程的目標、內容、特點與效果。(5) 課程方案的選擇：藉由評鑑而判別課程方案之優劣價值，以便作成選擇決定。(6) 目標達成程度的瞭解：以評鑑來比較課程目標和課程效果，探討

1970	1988	1989
盛行期	擴展期	轉型期

目標達成多少。(7) 績效判斷：藉由評鑑，瞭解課程設計及實施人員的績效，並依據不同的課程評鑑途徑（approach），歸納出不同課程評鑑之類型與目的、主要方法、主要參與者、優缺點等。

三、課程評鑑的功能

課程評鑑本身具備多方面的功能，例如 Hill（1986: 12-13）指出，對於學校來說，課程評鑑可分為四種功能：(1) 課程評鑑是可說明的：所謂可說明是指，課程評鑑是可以談論、說明、解釋及為執行課程而辯護。評鑑為可說明，意指要明白顯示出評鑑的標準必須被滿足，學校課程的方案必須有價值，行為者（通常指教師）是評鑑的內涵之一。(2) 課程評鑑是為了將目標置入：置入問題通常是為了提升對問題的意識，並引導改變學校的課程方案，例如：「國家在危機當中：教育改革的重要性」。(3) 課程評鑑為了對學校領導者決定有關於課程方案的證明及理由，這樣的做法通常是結合目標的設定及年度計畫的安排。(4) 課程評鑑在此強調是創新的功能，主要是與社會產生交互作用而改變課程計畫，並支持學校促進專業提升（林香河，2012）。

從課程的設計、實施與評鑑的立場而言，課程評鑑的功能有：(1) 改進教育系統及課程方案，進而修正課程；(2) 診斷與比較課程，並辯證關於教育上的方法學；(3) 預測教育的需求，並說明需求的重要性；(4) 確定目標達成的程度，以達成績效責任；(5) 產生學校課程革新決定、創新，以促進教師專業知能成長；(6) 教育系統的質量與資源的分配維持，達到教師專業化的認證。

四、課程評鑑的實施步驟

課程評鑑的實施步驟，依據不同學者提出的課程評鑑模式不同，而有不同的方式與步驟。以黃政傑（1993: 267-270）歸納學者 Payan、

Stufflebeam、Davis 之論點而將評鑑步驟分為：(1) 確立評鑑目的：是指實施評鑑工作的理由，即為評鑑工作完成後，對課程發展工作有什麼幫助。(2) 依據評鑑問題，描述所需資料：有了評鑑目的後，評鑑者必須解答問題，並描述所要的資料是什麼，從何人取得。(3) 進行相關文獻的探討：文獻探討可作為參考、啟示、直接答案或間接幫助。(4) 擬定評鑑設計：是指評鑑資料蒐集的計畫，有優良的設計，才能有好的評鑑，評鑑設計時要兼顧實質面和行政面兩者。(5) 依照設計蒐集所需資料：依計畫實施，必要時可改變計畫來解決臨時出現的問題。(6) 整理、分析及解釋資料。(7) 完成評鑑報告、推廣、回饋：報告要對誰提出、如何呈現，皆需加以考量。報告內容必須是正確、適切、詳細、難度適宜，儘量避免使用專業術語。(8) 實施評鑑的評鑑：「評鑑」的評鑑是瞭解評鑑效果及改進未來評鑑的媒介，缺乏此一步驟，評鑑者本身便沒有回饋，而這個步驟是從頭到尾都必須存在的。

五、教師與課程評鑑的關係

　　教師與課程評鑑的關係是相當密切的，教師透過課程評鑑的實施，有助於專業方面的成長，例如，課程設計能力的提升、課程實施品質的保證等。陳美如（2001）認為教師與課程評鑑的關係有：(1) 課程評鑑是幫助教師瞭解及改進課程發展的重要機制；(2) 在教師的真實教學生活中，評鑑是無時無刻不在發生的；(3) 評鑑應是教師的教學專業知能之一；(4) 教師是最佳的課程評鑑者；(5) 課程評鑑目的是協助教師瞭解課程並藉以改進，使學校本位課程發展更趨向完善機制，真正且最大的受益者是教師（專業）及學生（學習）。教師與課程評鑑的關係，如圖 10-2 所示。

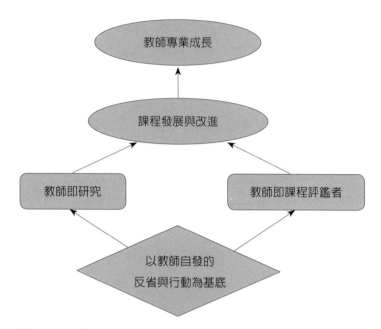

圖 10-2　以教師專業成長為核心的課程發展與課程評鑑機制

六、課程評鑑的評論

　　現今課程發展史已進入到整合的時代，在評鑑的歷程中，期能面面兼顧並完全平等的充分參與。而課程評鑑的目的，是在以客觀的方式作績效判斷，確認課程方案的效果來測量學生的學習成就。在功能上則為：(1) 改進教育系統及課程方案，進而修正課程；(2) 診斷與比較課程；(3) 預測教育的需求；(4) 確定目標達成的程度；(5) 產生學校課程革新決定、創新，以促進教師專業知能成長；(6) 教育系統的質量與資源的分配維持，達到教師專業化的認證。

【焦點概念】評鑑目的在於改進

筆記欄

11 十二年國民基本教育

一、概述

　　十二年國民基本教育，又稱為十二年國教，是臺灣 2014 年（民國 103 年）起要實施的重要教育政策。十二年國教的精神，是將九年國民義務教育延長到十二年，後三年採非強迫性入學、免學費、公私立並行及免試為主。十二年國教中的後期中等教育包含高中高職及五專前三年。臺灣推動延長國民教育之議，早在 1983 年就已經開始規劃，先後經過十任教育部長，但因為受到許多反對聲浪和財務困窘等因素影響而未曾正式實施。十二年國教目前已於 2014 年正式實施。

二、十二年國教政策的理想

　　十二年國教是一個世紀教育工程，透過這個世紀工程，將為我國的青少年打造一個適性發展、多元學習、又具競爭力的學習環境。依據上述的理想，十二年國教的實施，在理想方面包括提供適性教育發展的機會，引導青少年進行多元學習，以達到適性揚材的理想。

三、十二年國教的會考制度

　　在這個世紀工程當中，重要的配套措施之一就是國中教育會考。教育會考的施行，將發揮減壓、鬆綁、檢驗的功能。會考透過標準參照評量的方式，以 3 等級呈現成績，將學生從以往分分計較的考試方式中解放出來，因此可以有效降低學生壓力。當學生和家長不再只為考試的成績而汲汲營營，就

國民教育歷史大事年表

1968	2004
國民義務教育	實施九年一貫課程

可能讓自己的學習方向鬆綁，勇於學習如獨立思考、問題解決、創新創造、溝通合作等新一代的素養。同樣地，教師也勇於將教學方式鬆綁，多花心思在引導學生做高層次的學習，而不是把許多時間花在考試和反覆練習上。最後，會考的等級，因為有明確的表現等級說明，所以，學生和教師都有明確的成就標準，以及哪些能力應該發展的學習地圖；透過對全體學生在各等級的表現比例，教育主管機關也能明確地瞭解自己國民的學力水準，並進行適當的補強（取自103年國中教育會考全國試務會網站）。

四、十二年國教入學流程圖

有關十二年國民教育的入學流程，請參考圖11-1之流程圖（參考教育部網頁）。

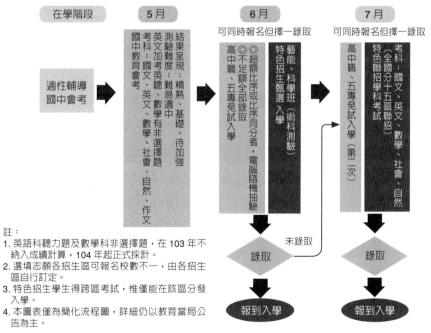

註：
1. 英語科聽力題及數學科非選擇題，在103年不納入成績計算，104年起正式採計。
2. 選填志願各招生區可報名校數不一，由各招生區自行訂定。
3. 特色招生學生得跨區考試，惟僅能在該區分發入學。
4. 本圖表僅為簡化流程圖，詳細仍以教育當局公告為主。

圖11-1　十二年國教入學流程圖

五、免試入學管道的具體做法

免試入學管道定位為「適性輔導免試登記入學」，具體做法是今年升上國中的學生，七年級時做智力測驗，八年級時做性向測驗，升上九年級時做興趣測驗，5 月參加國中教育會考，為期兩天，然後各國中需提供畢業生升學進路輔導的建議書，讓學生在瞭解自己的興趣、性向及能力後，再去選擇學生要免試入學的高中職或五專（取自免試入學宣傳網頁）。

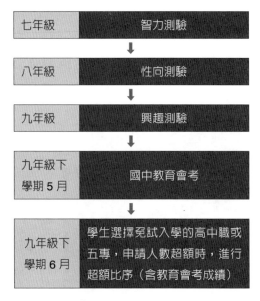

七年級	智力測驗
八年級	性向測驗
九年級	興趣測驗
九年級下學期 5 月	國中教育會考
九年級下學期 6 月	學生選擇免試入學的高中職或五專，申請人數超額時，進行超額比序（含教育會考成績）

圖 11-2　免試入學流程

六、十二年國民基本教育實施的相關議題

十二年國民基本教育於 2015 年實施，目前有關十二年國教的實施，尚存在相當多的問題有待解決，其相關的議題簡要說明如下（黃政傑，2012）：

（一）免試入學和特色招生問題

1. 免試入學和特色招生的比例問題。

2. 免試入學報名人數多於招生名額的問題。

3. 規範學校層級特色招生的問題。

4. 避免特色招生成為新的社會再製途徑問題。

（二）高中高職學區劃分及品質問題

1. 由直轄市及縣市政府管轄高中職及劃分學科問題。

2. 各個高中職都必須優質的問題。

3. 學校做不到優質就應該退場問題。

4. 私立高中高職公益化的監督與促進問題。

七、十二年國教實施的整體評論

　　十二年國教在 2015 年要正式實施，國內各級高中高職及國中，必須針對十二年國教的基本精神與具體做法，作學校教育方面的實質調整，引導學生做積極充分的準備，才能在十二年國教的實施中，穩定成長而找到自己的未來定位。

【焦點概念】差異化教學

12 九年一貫課程

　　在國民教育階段，從國民小學到國民中學的階段，為了學校教育的課程與教學實施，可以做橫向的聯繫和縱向的連貫。教育部在 1998 年發布「國民教育階段九年一貫課程總綱綱要」，規定學校課程的九年一貫課程主要特色與內涵。

一、九年一貫課程改革的背景

　　九年一貫課程改革的主要背景，來自於臺灣政治、社會、經濟、文化等多年的變遷與改革，累積教育改革的各種社會成本，進而成立「行政院教育改革審議委員會」，針對臺灣當年的教育現況，透過研討會、研究途徑、理論與實際對話等各種方式，進行教育改革運動。

　　在教育改革的建議中，一個極大的訴求就是國民教育教材太多、分量太重、科目複雜又多，是教育失敗的主要原因。因此在教育改革總諮議會議報告中，針對課程與教學提具下列建議（林生傳，1999）：

　　1. 國民中小學課程，應該以生活為中心。

　　2. 建立基本學力指標，為建立課程綱要的最低規範，以取代現行課程標準，使地方、學校及教師能保有彈性的空間，因材施教或發展特色。

　　3. 積極統整課程，減少學科之開設，並避免強調系統嚴謹之知識架構，以落實生活教育與身心發展的整體性。

　　4. 減少正式上課時數，減輕課業負擔，增加活動課程，對生活上的重要課題，整合於各科教學與活動中。

歷史大事年表

2001	2004
試行九年一貫課程	全面實施

以上是教育改革總諮議會議中，針對教育改革所提出的重點。

二、九年一貫課程的主要內涵與要點

九年一貫課程的主要內涵與要點，依據教育部 1998 年 9 月 30 日公布的「國民教育階段九年一貫課程總綱綱要」，九年一貫課程的基本理念在培育具備人本情懷、統整能力、民主素養、鄉土與國際意識，以及終生學習的國民。

九年一貫課程目標、課程結構與國課設施，最主要的內涵有下列幾項（林生傳，1999）：

1. 九年一貫課程標榜國民教育階段的課程在培養現代國民所需要的基本能力。

2. 採取統整課程，國民教育階段之課程，應以個體發展、社會文化及自然環境等三個面相，提供「七大學習領域」為學習之主要內容，學習領域成為課程內容，取代傳統的分科課程。

3. 國民教育階段課程各領域除列有必須課程外，增加彈性課程的時間，由各校設計提供必要課程。

4. 國民中學與國民小學的課程不再分為兩階段，而要連貫為九年課程。

5. 減少課程內容並加強組織。

依據教育部公布的「九年一貫課程總綱綱要」所定的課程修訂要點，主要的內容包括下列幾項：

1. 提出「基本能力」為課程學習目標。

2. 實施「統整課程」，擬以「學習領域」取代傳統科目本位的分科課程。

3. 設置「彈性課程」。

4. 課程力求九年一貫。

5. 發展學校本位課程。

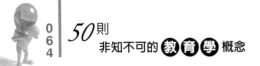

三、九年一貫課程的統整問題

統整課程的實施,是「國民教育階段九年一貫課程總綱綱要」公布之後,力求實施的重要議題。統整課程的實施,主要是希望達到下列主要的理想:

1. 避免學校課程的上課時數愈來愈膨脹,而將重要的課程與教學知識,納入傳統課程當中。學校在將各學科的重要內容完整納入課程時,應該以統整的形式,將原有的上課時數做整合,避免加重學生的學習負擔。

2. 將新的知識納入既有的學科中:將學生在學習階段中,必要的學習知識或元素,納入某學科的內涵中。例如,將生態保育、安全教育、兩性問題、資訊科技等新知識,納入原有的課程教學中。

3. 課程教材的生活化:傳統的知識系統無法和生活步驟相互結合,當學科教學無法將新的生活事件納入課程教學中,就必須重新思考課程架構與內容的修正調整。

4. 學科分立無法提供學生學科知識的關聯性教育:學習知識專門化與專業化的歷程中,往往欠缺做學科知識的關聯性,課程統整則可避免上述的問題。

四、九年一貫課程的學校課程自主

九年一貫課程改革的主張中,要求提供學生在課程方面的自主權,讓課程設計與實施,可以回歸到學校作主的理想上。九年一貫課程改革中,在基本教學節數的規劃中,80% 由中央單位規範教學時數,另外的 20% 提供彈性教學時數,讓各中小學擁有教學自主的權利和機會。在學校課程自主的運用上,學校本位課程的發展與實施,就是一個很好的例子。各地方中小學學校,可以依據學校發展特色和需要,結合地方社區的資源、發展等,設計並規劃「學校本位課程」。

五、九年一貫課程與教師專業發展

九年一貫課程改革，除了進行中小學的課程連貫之外，同時強調教師專業發展的重要性。教師在面對九年一貫課程的改革與實施中，除了必須具備基本的教育專業能力與教學專業能力外，還需要開展教師課程設計能力、教師行動研究能力、教師課程改革能力、教師課程設計能力等。

九年一貫課程改革的實施，教育部透過專案研究、分組討論、分區座談、公聽會，廣納社會各界，透過課程研究發展推廣，授權各級學校進行課程發展，發揮教師課程設計專業能力，希望透過教師積極參與課程改革，獲得教師專業發展的契機（蔡清田，1999）。在九年一貫課程的改革與實施中，將中小學教師在課程與教學實施中，從「被動角色」轉而為「主動角色」，從「知識消費者」轉而為「知識生成者」，從「研究消費者」轉而為「研究行動者」，從「課程實施者」轉而為「課程設計者」。因此，教師專業能力的開展，在九年一貫課程的改革與實施中，受到相當程度的重視。

六、結論

截至 2015 年為止，九年一貫課程已經實施十六年有餘，在課程改革與實施方面，已經累積相當豐富的成效。不管在教育行政系統或是學校教育系統，改變了傳統的學校教育觀念，各種教育制度也因九年一貫課程的實施，有了嶄新的一頁。十二年國民義務教育（簡稱十二年國教）在 2015 年，已經要正式實施。儘管十二年國教在規劃與宣導階段，受到各界的質疑，然而在教育改革與未來的發展上，仍需要關心教育者更多的參與。

【焦點概念】教師專業發展

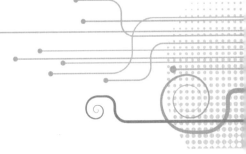

13 初等教育

　　初等教育（primary education），一般而言，主要是探討學校教育制度中，最初等的教育階段相關問題，在範圍方面包括幼兒園教育和國民小學教育等階段，如果從年齡來看的話，包括從 4 歲到 12 歲階段的教育，都是屬於初等教育的範圍。有關初等教育的概念，從基本概念、理論基礎、討論範圍、革新與展望等方面，簡要說明如下。

一、初等教育的基本概念

　　初等教育的主要意義，在於透過各種方法，探討幼兒園及國民小學階段，有關教育發展的各種問題。初等教育的基本概念，一般包括廣義和狹義的定義（吳清山，2009）。廣義的初等教育指的是 4 歲到 12 歲的教育；狹義的初等教育指的是國民小學階段所接受的教育。

二、初等教育的理論基礎

　　一般探討初等教育的理論基礎，多會從教育的哲學理論、心理學理論、社會學理論等做基礎理論的分析。

（一）哲學基礎

　　初等教育的哲學理論基礎，在內容方面，包括初等教育與哲學的關係，例如，哲學提供初等教育的實施方向、初等教育可作為哲學驗證的場所；不同學派對初等教育的觀點，例如，理想主義、實在主義、實用主義、行為主義、存在主義、邏輯實證主義等對初等教育的主張、觀點，都會影響初等教

育的發展與定位。

（二）心理學基礎

初等教育的心理學理論基礎，在內容方面包括初等教育與心理學的關係，例如，初等教育提供心理學研究對象、心理學研究有助於初等教育改進；不同心理學派別對初等教育的影響，例如，行為主義、人本心理學、認知心理學等對初等教育的主張與觀點，影響初等教育在各方面的定位。

（三）社會學基礎

初等教育的社會學理論基礎，在內容方面包括社會學的意義及發展，例如，演化論、功能論、衝突論、符號互動論等主張，影響初等教育的發展。

三、初等教育探討的內容

初等教育探討的內容，大部分和學校教育有關係，主要的內容包括歷史發展、教育對象、教育場所、教育策略與方法等，茲簡要說明如下：

（一）初等教育歷史發展

初等教育的歷史發展，可以分成我國初等教育的歷史發展與西洋初等教育的歷史發展。

1. 我國初等教育的歷史發展

我國初等教育的歷史發展，依據教育史的發展梗概，一般可區分成夏商周時期、春秋戰國時代、秦漢時期、魏晉南北朝時期、隋唐時期、宋元明清時期、民國時期。

2. 西洋初等教育的歷史發展

西洋初等教育的歷史發展時期，一般可區分成希臘時期、羅馬時期、中世紀時期、文藝復興時期、宗教改革時期、啟蒙運動時期、十九世紀以後、近代等時期。

（二）初等教育的對象

初等教育的對象，探討的是學生的生理發展、學生的心理發展、學生的

權利與義務方面的關係。在學生的生理發展方面，提供教育工作者瞭解學生在生理方面的發展情形，作為教育實施的參考；在學生的心理發展方面，提供學校教育人員瞭解學生的各種心理狀況，作為教學與輔導的依據；在學生的權利與義務方面，提供受教權等方面的訊息。

（三）初等教育的施教者

初等教育的施教者，一般指的是教師的工作與職責。在內容方面，包括教師的角色與任務、教師的工作特性、教師的能力與修養、教師的權利與義務、教師的進修、教師和學生的關係，透過上述議題的探討，提供學校教育與教師教學上的參考。

（四）初等教育的施教場所

初等教育的施教場所，一般內容包括學校的行政組織、學校的行政人員、學校的建築、有效能的學校。學校的行政組織，依據類型與規模而有不同的行政組織團隊；在學校的行政人員方面，包括學校行政人員的原額編制、行政人員的任用；在學校的建築方面，包括學校建築規劃的原則、增進學校建築環境效果的途徑等。

（五）初等教育的課程

初等教育的課程，在內容方面包括課程的基本概念、課程教材與教科書、國民小學課程標準。在課程的基本概念方面，包括課程的意義、課程的結構、課程的類型；在課程、教材與教科書方面，包括教材選擇的標準、教材組織的方法等；在國民小學課程標準方面，主要是說明課程標準的內容、意義、在教學上的意義等。

（六）初等教育教學和評鑑

初等教育教學和評鑑的議題探討，在內容方面包括教學的基本概念、國民小學常用的教學方法、有效的教學途徑、評量的基本概念、增進評量效果的途徑等方面。

（七）初等教育的訓育與輔導

初等教育的訓育與輔導方面，內容包括訓育的基本概念、教師管教問題、校園安全的問題、生活教育的實施、輔導的基本概念、學生偏差行為的輔導、身心障礙學生的輔導等。透過上述問題的探討，有助於提供學校教育工作者，面對學生時的處理方式。

（八）初等教育學校制度

初等教育的學校制度，探討的是與學校有關的各種教育制度。例如，主要國家初等教育學校制度概述，包括美國初等教育學校制度、英國初等教育學校制度、德國初等教育學校制度、日本初等教育學校制度、俄羅斯初等教育學校制度等；在我國近代初等教育學校制度的建立和發展方面，提供發展的沿革與改變趨勢，讓學校教育人員作為參考。

（九）初等教育的研究方法

初等教育的研究方法，探討的內容包括教育研究法的基本概念、研究計畫內容和格式、參考文獻的寫作格式、研究報告的格式和撰寫等方面的問題，作為初等教育人員進行科學研究（或教育研究）的參考。

四、初等教育的革新和展望

初等教育的革新與展望議題，主要是探討初等教育的現況、初等教育遭遇的問題、初等教育革新的途徑、初等教育的展望等，針對初等教育實施的問題和相關的議題，做整體性、系統性、學術性等探討，提供初等教育發展的學理依據，並進而提升初等教育的效能。

【焦點概念】初等教育發展

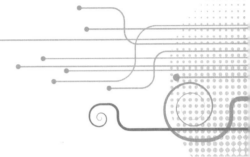

14 中等教育

　　國內在教育制度方面，一般依據階段，分成初等教育、中等教育及高等教育三個階段。初等教育階段包括幼兒園、國民小學階段，中等教育包括國民中學、高級中學、職業校學，高等教育包括五專、二技、四技、大學校院等。有關中等教育的相關概念，簡要說明如下。

一、中等教育的概念

　　中等教育的概念，一般而言包括下列幾個重要的概念（王家通、陳伯璋、吳裕益，1984）：

　　1. 中等教育介於初等教育和高等教育中間，以 12 歲左右到 18 歲左右的青年為主要的教育對象。

　　2. 中等教育階段依據學生的興趣、能力和性向，培養其探索比初等教育更廣、更深的知識，提高學生解決問題的能力。

　　3. 中等教育階段是奠定學生進入高深學習之基礎的一種學校教育。

二、中等教育的目的與功能

　　中等教育依據其實施教育的階段與對象，在教育目的與功能方面，和初等教育與高等教育有所差異（王家通、陳伯璋、吳裕益，1984）。

　　（一）中等教育的目的特性

　　中等教育的目的特性，包括：(1) 完成教育與升學準備教育的雙重性；(2) 普通教育與職業教育的雙重性；(3) 初等教育的繼續完成與知性教育的引入。

歷史大事年表

● 光緒21-26年	● 光緒27年-1921年
萌芽時期	模仿日本及歐洲時期

（二）中等教育的功能

有關中等教育的功能，國內一般都引用林本教授對於中等教育功能方面的研究，該研究將中等教育的功能分成初級中學的教育功能與高級中學的教育功能。初級中學的教育功能包括：(1) 生活教育的供應；(2) 職業陶冶的實施；(3) 個性試探與指導；(4) 升學之預備；(5) 基礎教育之延續與加強；(6) 地方社會之適應與領導。高級中學的教育功能包括：(1) 民族精神之統整；(2) 社會文化之啟示；(3) 分化之指導；(4) 升學之預備；(5) 人才之選擇；(6) 知識之組織與應用。

三、中等教育的演進

中等教育的演進，一般會從西方國家中等教育的演進與我國中等教育的演進，來瞭解中西方的差異和相同之處。

（一）西方國家中等教育的演進

西方國家中等教育的演進，歷經雙軌學制的成立、學校制度的統一、全民中等教育三個重要的歷程。

（二）我國中等教育的演進

我國現行的中等教育制度，主要是清朝末年以來，模仿日本、歐美諸國的學制，逐漸改善而成的制度。我國的中等教育演進包括：(1) 萌芽時期（光緒 21 年至 26 年）；(2) 模仿日本及歐洲學制時期（光緒 27 年至民國 10 年）；(3) 模仿美國學制時期（民國 11 年至民國 16 年）；(4) 學制調整時期（民國 17 年以後）。

四、我國現行中等教育制度

我國現行的中等教育制度，可以分成國民中學、高級中學、職業學校等三個不同的學制，簡要說明之。

（一）國民中學

有關國民中學的教育制度，以下分成幾個簡要的要點說明之：

1. 九年國民教育的實施與中等教育制度的調整

九年國民教育實施條例公布之後，於民國 57 年 8 月開始實施。國民教育分為國民小學與國民中學兩個重要的階段。

2. 國民中學與義務教育

民國 68 年公布「國民教育法」，法規中明文規定凡 6 歲到 15 歲之國民，應受國民教育；已逾齡未受國民教育之國民，應該受國民補習教育。

3. 國民中學的修業年限

國民中學的修業年限，一般以三年為原則。

4. 國民中學的設置與經費

依據相關的法令規定，國民中學的辦理應由縣市政府辦理，相關經費由各地方縣市編列經費支應。

5. 國民中學的組織

國民中學的組織，一般分成行政組織、人員編制、學籍編制等。

（二）高級中學

1. 高級中學的性質

我國現行高級中學的性質，在於選拔優秀人才，施予一般文化陶冶、科學教育及軍事訓練，以奠定其將來接受高深教育的基礎。

2. 高級中學的入學制度及修業年限

高級中學的入學規定，入學資格為曾在公、私立國民中學畢業，或具有同等學力經入學考試及格者。高級中學的修業年限，一般應為三年。

3. 高級中學的設置與經費

依據高級中學法，高級中學的設置由省（市）設立，或是由私人依私立學校法設立。在經費方面，高級中學的經費由設立機關負擔，其中一部分來自學生所繳交之學雜費。

4. 高級中學的組織

高級中學的組織，一般依據高級中學法以及中學規程規定，設置各類教育專業人員。

（三）職業學校

1. 職業學校的種類

職業學校的種類，一般包括：(1) 農業職業學校；(2) 工業職業學校；(3) 商業職業學校；(4) 海事職業學校；(5) 醫事職業學校；(6) 家事職業學校；(7) 戲劇、藝術學校等。

2. 職業學校的入學與修業年限

職業學校的入學資格，必須曾在國民中學或初級中等學校畢業，或具有同等學力，經入學考試及格者。職業學校的修業年限為二至四年，戲劇職業學校不在此限，一般類科之修業年限為三年，性質特殊之學科，可以增減修業年限。

3. 職業學校的設立與經費

職業學校的設立，原則上由中央、各直轄市設立，或私人得依私立學校法設立職業學校。職業學校的經費應由其所屬政府編列預算支給，私立職業學校經費由董事會負擔。

4. 職業學校的行政組織

職業學校的行政組織大致上和高級中等學校一樣，惟需設立實習輔導室。

五、中等教育的發展趨勢

中等教育由於銜接初等教育，並連結高等教育，因而在教育發展方面，比初等教育和高等教育的發展，更為需要透過試探、分化與銜接方面的功能。我國中等教育現行的問題，包括學制的彈性問題、國民中學的試探功能問題、國民中學階段的基本課程問題、高級中等教育的分化問題等等，都是中等教育在發展上需要專業討論的課題。

【焦點概念】中等教育制度

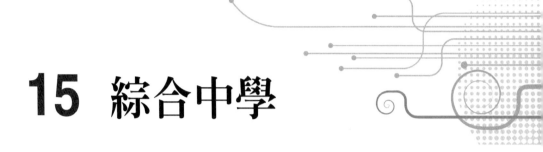

15 綜合中學

一、綜合中學與綜合高中

綜合中學又稱為綜合高中（comprehensive school），是目前國內中等教育的一環，也是學制中的一個重要階段。綜合中學，係指在一學校行政系統中提供普通以及職業類科課程的中學，而所提供的課程彈性是根據學生的興趣及能力而規劃的。

綜合高中兼具高中與高職雙重特質。學生在進入綜合高中一年後，再依據自己的學習成就、能力、興趣，選擇高中升學目標（一般大學院校）、高職升學目標（科技大學、四技二專）或就業目標，透過課程選修，實現自己的理想。它不像目前的高中、高職之間界線明確、課程固定，入學後若發現志趣不合、適應困難，必須休學、轉學、重新來過，不但浪費時間，同時也加深學生的挫敗感。

二、綜合高中的設置

綜合高中現行學制為普通高中、高職及高中附設職業類科三種：(1) 普通高中提供語文、數學、理化與史地等普通課程，主要是為了學生升學之主要學科準備；(2) 高職提供職業課程，例如，農、工、商、幼兒保育、觀光、餐飲等實用技藝課程；(3) 高中附設職業類科普通科學生則是依據興趣與能力，進而挑選升學或職業類科課程。教育部於民國 84 年 7 月正式公布「綜合中學試辦計畫暨試辦要點」，於 85 學年度選定 19 間高中職進行試辦綜合

歷史大事年表

1985	1996
萌芽期	試辦期

中學業務，例如，彰化師範大學附工、臺南成功大學附設高中、臺北市成淵完全中學等，均為目前綜合高中實施成效顯著的學校之一。綜合高中提供學生在生涯發展與決定上多樣化的選擇機會，以延後分化的原則，以期能達成適性發展的教育目標。

三、綜合高中的基本理念

綜合高中係統整普通高中和職業學校之教育目標、學生來源、學生進路和教學資源的綜合型高級中等學校；高一課程以試探為主，自高二起依學生之適性發展分化，選擇學術學程（以升讀大學為主）、或專門學程（以升讀科技大學、技術學院或就業）、或跨學程（綜合學程），藉以提供性向未定或性向多元之學生延後分化，並獲得適性發展之機會。

綜合高中係於 85 學年度起試辦，並於民國 88 年修訂「高級中學法」，綜合高中納為高級中學類型之一，成為正式學制。

四、課程設置

綜合中學設置之後，在課程設計與實施方面，課程規劃是依據民國 83 年 6 月下旬第七次全國教育會議與會人士之共識與建議來加以執行的，希望在面對二十一世紀高科技時代來臨之前，能在我國中等教育的後期，除現有的普通高中、高職及五專之外，另有「綜合高中」的規劃，以因應部分性向、興趣分化較為遲緩學生的需要；同時，也可滿足部分性向、興趣分化較早確定之學生，能有機會兼跨學術性向和職業性向的需求，以適應學生適性教育發展目標之達成。

綜合上述，綜合中學的課程設置，是採用多元的形式，希望透過課程的設置，可以提供高中階段的學生，滿足在性向、興趣分化之餘，引導學生面對生涯發展與未來職業性向的需求。

五、課程分類

綜合中學在課程設置方面，主要的課程分類，簡要說明如下：

（一）多元的課程

綜合高中是指在一所學校內，同時融合了高中及高職的課程。學生在就讀高一的時候，透過課程與教學的實施，培養基本能力，同時協助學生進行自我瞭解並培養興趣；在就讀高二之後，學生可以在學校提供的課程中，依據自己的興趣及能力、升學或就業需要，選修適合的課程，培養專長，做專業的學習。透過課程與教學的實施，可以培養學生在多元方面的能力。

（二）學習的主人

綜合高中的課程主要分為「必修科目」與「選修科目」兩種類型。在必修科目方面，奠定學生一般高中的基礎能力；在選修課程方面，則依興趣培養學生的專業知能。

此外，在綜合高中學校裡，學生所學的必修科目，占學習總時數的28%至35%；其餘的學習，只要有興趣及能力，再加上師長建議，並配合學校提供的課程及輔導，讓學生可以成為自己學習的主人。因此，學生在課程的選擇中，具有相當程度的自主性。

（三）進行生涯適性的輔導

學生在就讀綜合高中時，不必在國三時就急於選擇普通高中或高職的某一類科就讀，而是可以在進入綜合高中之後，透過學校生涯試探與輔導，瞭解自我的性向、興趣、能力以及各行職業工作世界之後，再做選擇。除了生涯輔導之外，綜合高中也提供了完善的學習輔導，運用各種測量方法，來瞭解學生個人的學習特點，幫助學生安排自我的學習計畫，並適時解決學生在學習上的困難，使學生更能在多元的課程中，找出適合自己的路。

（四）提供寬廣的進路途徑

學生在就讀綜合高中期間，學校會視學生需求，安排到大專院校及職業

場所參觀，或是舉辦博覽會、座談會等，讓同學們瞭解未來畢業後的出路。

　　一般說來，如果要升學，可以就讀普通大學、科技大學、技術學院、二專、軍警學校等；如果要就業，可以依據就學期間所取得的職業證照或接受政府職訓輔導，取得工作機會。

六、綜合高中學生的出路

　　綜合高中因設置有普通學術課程和職業陶冶課程，它的進路也兼跨了普通高中和職業學校學生的機會，計有：(1) 參加大學申請入學；(2) 參加大學考試甄選入學；(3) 參加四技科大申請入學；(4) 參加四技二專推薦甄選；(5) 參加四技二專技優保甄；(6) 參加四技二專登記分發；(7) 就業，例如，技職檢定、在職進修、職業訓練。

七、評論

　　綜合高中課程設計的精神是兼顧學生升學與就業的需求，同時設置普通科與職業類科課程，藉由試探、輔導等歷程，協助學生選讀適合的課程，以達適性發展之教育目標。因此，綜合高中與普通高中的課程，在高一時有部分相同，只是綜合高中另提供職業試探科目；但到高二時就有很大的差別，因為綜合高中學生有 50% 以上的選課自由。

　　此外，綜合高中的課程設計採學年學分制，包括本國語文、外國語文、數學、社會、自然、藝術、生活、體育、活動、專業課程等十大類領域，其中專業課程以學程的方式設計，提供學生多樣的選課空間，畢業時至少需修滿 160 個學分。在課程設計上有以下兩項特點：(1) 綜合高中除提供高中既有的學術課程外，並加強職業試探，使學生更能清楚瞭解自我性向，同時養成基本能力；(2) 綜合高中除提供高職既有的職業課程外，並加強數理、語文、資訊等基本學科能力，使學生未來的發展更為寬廣。

【焦點概念】普通及職業學校

16 教育法規

教育法規主要的意義，在於針對國內有關規範教育方面的相關法令，從法令的研擬、制定、修正、公告、實施等過程，做文字方面的敘述。目前國內的教育法規，主要的內容依據不同層次的法規，簡要說明如下（楊景堯，1999）。

一、教育法規的根本法源

一般而言，教育法規的根本法源包括憲法及教育宗旨、中央法規標準法等。在教育法規的根本法源方面，目前有關教育方面的規範，包括「中華民國憲法」、「中華民國憲法增修條文」、「中央法規標準法」、「中華民國教育宗旨及其實施方針」等。

二、中央教育法

中央教育法的內容，指的是由立法院三讀通過，經由總統公布實施的各項中央級教育法。有關中央層級的教育法，在內容方面包括下列幾項：(1) 大學法；(2) 空中大學設置條例；(3) 教師法；(4) 師資培育法；(5) 教育人員任用條例；(6) 專科學校法；(7) 職業學校法；(8) 高級中學法；(9) 國民教育法；(10) 幼稚教育法；(11) 私立學校法；(12) 社會教育法；(13) 補習教育法；(14) 特殊教育法；(15) 藝術教育法；(16) 強迫入學條例；(17) 兒童輔導法；(18) 少年福利法；(19) 兒童及少年性交易防治條例；(20) 國民體育法；(21) 原住民教育法；(22) 學校教職員退休條例。

歷史大事年表

1998

修訂特殊教育法

三、教育法制定的施行細則

　　教育法制定的施行細則，主要的內容是由教育部依據總統公布的教育法所制定的各項施行細則，透過施行細則的內容，詳細規範中央教育法所約束的內容。有關教育法制定的施行細則方面，包括下列的內容：(1) 大學法施行細則；(2) 空中大學設置條例施行細則；(3) 教師法施行細則；(4) 師資培育法施行細則；(5) 教育人員任用條例施行細則；(6) 國民教育法施行細則；(7) 幼稚教育法施行細則；(8) 私立學校法施行細則；(9) 特殊教育法施行細則；(10) 強迫入學條例施行細則；(11) 兒童福利法施行細則；(12) 國民體育法施行細則；(13) 學校教職員退休條例施行細則。

四、教育部制定的各項行政法規

　　此項目包括教育部制定的各項行政法規，包括「辦法、標準、準則、要點」等，主要的內容適用來規範教育部所轄的部屬單位與人員。教育部制定的各項行政法規，主要內容包括下列幾項：(1) 教育部師資培育審議委員會設置要點；(2) 大學校院教育學程師資及設立標準；(3) 大學推廣教育實施辦法；(4) 師資培育自費、公費及助學金實施辦法；(5) 各類教育學程之科目及學分；(6) 師資培育機構從事地方教育輔導法；(7) 教師輔導與管教學生辦法；(8) 中小學教師登記及檢定辦法；(9) 中小學兼任代課及代理教師聘任辦法；(10) 高級中等以下學校及幼稚園教師資格檢定及教育實習辦法；(11) 幼稚園園長、教師登記檢定及遴用辦法；(12) 特殊教育教師登記及專業人員進用辦法；(13) 偏遠或特殊地區學校校長暨教師資格標準；(14) 公立學校教職員敘薪辦法；(15) 公立學校教職員成績考核辦法；(16) 教師申訴評議委員會組織及評議準則；(17) 教師進修及研究獎勵辦法；(18) 高級中等以下學校教師評審委員會設置辦法；(19) 高級中學實施基本學力測驗分發入學要點；(20) 國民中學學生成績考查辦法；(21) 教育部高級中等以下學校及幼稚園教師在

職進修辦法；(22) 國民中小學中途輟學學生通報辦法；(23) 中途輟學學生通報及復學輔導方法；(24) 私立學校及學術研究機構電腦處理個人資料管理辦法。

五、地方教育行政當局制定的行政法規

此部分主要的法規是國內各地方教育行政當局，依據業務上的需要，針對教育當局所轄的機關、團體、單位、個人等，所制定的行政法規。一般通稱之爲「地方單行法規」。有關地方教育行政當局制定的行政法規，舉例如下：(1) 臺北市高級中等以下學校教師評審委員會設置要點；(2) 臺北市政府教育局教師資格檢定委員會設置要點；(3) 臺北市政府教育局局長遴選實施要點；(4) 臺北市立各級學校教職員請假規則；5. 臺北市高級中等以下學校及幼稚園教師在職進修學位、學分實施要點；(6) 臺北市中小學校學生家長設置辦法；(7) 臺北市中小學校兼課及代課教師遴用及管理辦法；(8) 臺北市國民小學辦理教師進修研習實施要點；(9) 臺北市校園事件處理要點；(10) 臺北市○○區○○國民小學學生申訴處理要點參考範例；(11) 臺北市兒童保護工作處理要點。

教育法規訂定的主要用意，在於規範國內有關教育的事務、單位、機關、團體、個人等，透過教育法規的執行，可以確保教育執行的品質，同時從法令層面提供可以依循的規範，透過教育法規的實施與執行，有助於教育活動實施的參考。

【焦點概念】教育法規的實施與執行

筆記欄

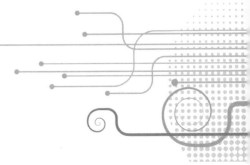

17 學校建築

　　俗諺：「有怎樣的建築，就有怎樣的學校；有怎樣的學校，就會有怎樣的學生」，指的是學校建築的意涵和功能。學校建築的規劃與建設，影響學校教育目標的達成，以及師生學習氣氛的營造。因此，建築對學校教育的實施，是相當關鍵的影響因素。有關學校建築的主要概念，茲分成下列幾點說明之（許進來，2008）。

一、學校建築的名詞

　　「學校建築」一詞是由英文「school buildings」直接翻譯而來。在一些教育行政和學校建築專書上，常出現的同義字有「教育設施」（educational facilities）或「教育建築」（educational buildings, educational architecture）。而環境心理學中與學校建築同義且最常用的則是「學校物質環境」（the physical environment of the school）、「物質的教育設施」（the physical education facility）或「物質的學習環境」（the physical learning environment, the physical environment in learning）。日本是學校建築研究標準化制度建立最為完備的亞洲國家，1988 年，喜多明人指出「學校建築」（school building）已成為其學術研究最普遍的專有名詞，其涵義最廣，涵蓋其他同義詞如「學校設施」（school facility）、「學校建築物」（school premises）和「學校設備」（school equipment）。在學校建築設置標準上，日本稱之為「學校設置基準」，我國則通稱為「學校設備標準」（湯志民，2006）。一般的觀念認為，學校建築指的是學校的所有硬體建設。

歷史大事年表

1895	1945
前清時期	日據時代

二、學校建築的意義

有關「學校建築」名詞的定義，各家說法不盡相同，但指的都是相同的事物。例如，吳清山（1992: 129）指出：「學校建築係指學校為教育學生所提供的場所（包括校地、校舍、校園及運動場所）和設備。」湯志民（2006）指出，學校建築是為達成教育目標而設立的教學活動場所，此一教學活動場所包括校舍、校園、運動場、遊戲休閒場所及其他附屬設施。其中，校舍乃專指校內的各種建築，運動場包括田徑場地、球場、體育館、遊戲場、游泳池等場地；校園是指除校舍與運動場所占用的校地以外之庭園空間；附屬設施則是配合校舍、校園和運動場，使其功能更為完備之各項建築與設備。

許進來（2008）指出，「學校建築」的定義，有強調硬體實體空間之規範；有涵蓋硬體，再加上教育目標實踐之延伸。有將「校園」劃入「學校建築」之範圍；或將「學校建築」放大至學校全部的實體空間。而且教育理念與時俱進，校園社區化、開放校園、學校社區化等延伸或開放學習場域之觀念，已成為學校經營不可或缺的模式，校園空間已漸次向外延伸，非僅只是學校範疇而已。

綜上所述，學校建築指的是學校的硬體設施，例如，辦公室場館、教學場館、行政場館等硬體方面的建築。

三、學校建築規劃的意義

學校建築規劃是一個長期目標導向歷程，包含了規劃與設計的動態活動，亦即學校建築計畫是學校建築規劃與設計的方針，而學校建築規劃與設計則是學校建築計畫的實踐活動。其中，規劃較著重學校各項設施整體性之安置，設計則涉及造形、數量與金額，較偏向專業技術層面。在權責上，學校建築規劃以學校行政人員為主導，建築師為輔；學校建築設計則以建築師

為主導，學校行政人員為輔。例如，湯志民（2006）指出，「學校建築規劃」包含三方面：第一，在規劃的內涵上，以校地的運用、校舍的設計、校園的規劃、運動場的配置及其附屬設施的設置等內涵。第二，在規劃的基礎上，學校建築應符合教育目標、配合教學方法和課程設計的需要，作為規劃基礎並結合學校的自然環境、社會環境和物理環境的特色，以及依據建築法規、建築技術和建築材料之規定。第三，就規劃向度而言，學校建築規劃的基本要素包含人、空間、時間和經費。總之，學校建築規劃應符合使用者（教師、行政人員、學生和社區人士）的需求出發，將學校的活動空間作妥善配置，藉由建築經費的投資和時間的流程，使學校建築逐步達成教育的需要（許進來，2008）。

學校教育系統中的學校建築規劃，可以稱之為以教育理念為依據，將學校環境和建築條件作為基礎，考慮經費、時間等因素，以使用者的需求為核心，將校地、校舍、校園、運動場及其附屬設施作最妥善的設計與配置，以創造理想教育環境，達成教育目標的整體連貫之歷程。

四、學校建築規劃的功能

有關學校建築規劃的功能方面，教育文獻探討的論文相當多，不管是從建築規劃的理念、相關理論、設計理念、實施成效等，對於學校建築規劃的功能，大都以學校教育目標為重點。黃耀榮（1990）指出，學校是實施教育的場所，學校建築規劃的優劣良窳，對教育功能的發揮和教育目標的達成，具有極大的影響作用。黃耀榮（1990）提出：「學校是吸收經驗、尋求知識及學習與人相處的場所，學習的行為是隨處隨機發生的，並非侷限於傳統的教室中。因此，校園應提供能引人入勝、發人深省、陶冶身心的學習環境，以引發思緒，培養活躍的思考習性，達到五育並進的教育精神。」

湯志民（2006）指出，學校設施應適量適用，依教育理念、課程設計和教學方式來規劃，使教師的教學以及學生的學習和休憩活動都能順利進行。

其次，校舍設計應提供師生互動與同儕聯誼機會。第三，校園規劃應自由開放，不作太多管制與限制，使學生徜徉其間，體悟生命的奧祕。第四，情境布置應符合人性化的教育需求，環境中應避免過多的管理與干預。

許進來（2008）指出，現代的教育，除了重視言教的循循善誘、身教的以身作則之外，更要重視境教的潛移默化。因此，學校設施與校園環境自應有教育意涵，使學生在此環境中深受潛移默化的力量，努力學習實現自我。學校建築與校園空間的規劃、布局與經營，應更深一層地反映各校的辦學精神與教育意圖，如此才能真正發揮校園環境中的潛在課程功能。

學校建築規劃的功能，在於透過規劃、設計、實施與評鑑的過程，針對學校教育場館的建築，進行目標性、功能性、效果性、系統性的規劃，以學校建築，在各種理論與理念的指導之下，完成預期的學校建築，以期發揮預定的效果。

五、學校建築的應用

學校建築規劃之意涵乃是：「以教育理念為根據、以學校環境和建築條件為基礎，考量經費、時間等因素，以使用者的需求為核心，將校地、校舍、校園、運動場及其附屬設施作最妥善的設計與配置，以創造理想教育環境，達成教育目標的整體連貫的歷程。」（許進來，2008）

學校是實施教育的場所，學校建築規劃的優劣良窳，對教育功能的發揮和教育目標的達成，具有極大的影響作用。學校建築規劃除了滿足一個學校在空間機能與預算規模上的需求外，校園空間的規劃、布局與經營，還應更深一層地反映各校的辦學精神與教育意圖，如此才能真正發揮校園環境中的潛在課程。

【焦點概念】學校建築的規劃

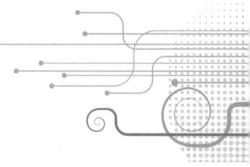

18 教育實習

　　教育實習的主要意義在於引導師資培育單位的準教師，成為正式合格教師的主要歷程。在實習歷程中，需要將專業化的各種內涵、法規、規定、策略、方法等，融入教育實習中。

一、教育實習的意義

　　實習是每一個專業行業，養成教育必須經過的歷程，透過實習的洗禮，讓學生（或學徒）轉變成專業人員。教育實習和一般的專業實習，在做法上和養成教育是大同小異的。教育實習的實施，至少代表下列三個重要的意義：

（一）專業知識的涵養

　　教育大學、綜合大學或一般大學所設置的中小學教育學成中，學生經過篩選之後，在學校中選修教育普通知識、專門知識及教育專業課程，並且將所學到的理論、策略與方法，應用到中小學的教學現場中，透過教學現場理論與實務的相互驗證和對照，吸收教育方面的實際經驗。

（二）專業技能的培養

　　教育實習的意義在於將所學到的理論、原理原則，運用到中小學教學現場中，透過一段時間的見習、觀摩、模擬與實習等，獲得比較具體的專業技能，並且能將各種專業技能運用在未來的職場中，成為自己專業能力的一部分。在專業技能的培養中，可以隨時依據實際的需要，修正自己的理念、方法與策略，並提升專業能力和教學能力。

小學師資培育歷史大事年表

1940	1960
師範教育即為精神國防	三年制師範專科

（三）專業能力的磨練

教育實習的主要意義，在於中小學（含幼兒園）教育實習機構中，透過實習指導教授與實習指導教師的專業指導，在教育行動中力求知與行的合一，以事前規劃、設計、擬定的教育實習計畫，將各種教學設計與行政見習等方案，付諸實現，並且隨時修正內容，以增進實習人員在行政經驗、處事能力、與他人溝通能力、教學能力和專業能力上的增進與精進，並且成為正式專業的中小學教師。

二、教育實習的發展

教育實習對準教師而言，是必經且相當重要的歷程。教育實習制度經過多次的演變與發展，成為現行的中小學教育實習制度。教育實習制度自從1995年「師資培育法」公布後，有了相當大的轉變，該法規要求教育實習是想要取得合格教師必須學習的重要課程。教育實習的內容，經過多次的修正與檢討，從2003年8月1日起，修習師資職前教育課程之師資生，未來的教育實習將由一年的實習改為半年，並且稱之為「教育實習課程」，由每個月八千元的津貼，改為各師資培育機構可以收取最高等同於四學分的教育實習輔導費用（林梅琴，2007）。先前，由完成一年教育實習，實習成績及格者就可以申請合格教師證書，調整為教育實習課程結束後，成績及格者，必須參加教師資格檢定考試，通過者才能取得合格教師證書。因此，教育實習的內涵，包括教學、班級經營行政與研習等相關的課程。

三、教育實習的範圍

教育實習的範圍，在「高級中等以下學校及幼稚園教師資格檢定及教育實習辦法」第十六條中，有明文規範教育實習的範圍包括教學實習、導師（級務）實習、行政實習、研習活動等。

四、教育實習的功能

教育實習的主要功能,在於培養準教師有關中小學教師的基本知能和專業能力。有關教育實習的主要功能,包括:

1. 連結教育理論與實際。
2. 瞭解教師工作與職責。
3. 熟悉教學理論與方法。
4. 累積班級經營經驗。
5. 熟練教學實務知識。
6. 精熟學生輔導實務。
7. 提升教育研究興趣。
8. 加強教育專業素養。

五、教育實習的目標

教育實習是引導準教師成為正式合格的中小學教師,透過相關的教育專業課程,讓準教師瞭解未來工作的內容和範圍,運用各種策略與方法,熟悉教師的專業知識。有鑑於此,教育實習的目標有(謝寶梅,2011):

1. 認識未來的教學環境。
2. 認識並瞭解教學對象。
3. 瞭解教師的角色與職責。
4. 熟悉教學計畫的研擬。
5. 熟練教學方法與技巧。
6. 瞭解學生的問題並進行輔導。
7. 處理班級各項級務。
8. 處理學校行政業務。
9. 培養各種教育理念。

10. 培養反省批判能力。

11. 建立良好的人際關係。

12. 發展教育合作的精神。

13. 關注教育問題並解決教育問題。

14. 發展教育研究能力和興趣。

15. 培養教師的興趣與能力。

16. 發展並培養專業精神。

六、教育實習的類型

（一）準備階段教育實習的項目

　　一般而言，準備階段的教育實習，指的是在大學階段，通過各校師資培育中心的甄選，選修中小學教育學程的準教師，在完成中小學師資培育課程前，應該要接受的教育實習課程。

1. 參觀

　　參觀活動是教育實習最基本的活動，主要目的是讓準教師瞭解未來的工作場景，以及工作職責和相關的人員。透過參觀活動的安排，可以讓中小學準教師瞭解未來的工作對象，作為加強專業知能上的參考。

2. 見習

　　見習活動在教育實習過程中，是屬於一種半參與的學習型活動，在指導教授（或指導教師）的指導下，協助處理教學工作或行政工作事務。在教學方面的見習，準教師以擔任教師助理的型態，協助準備教學資料、布置教學情境、共同帶領教室外的記學活動、負責小組學習或討論活動、批改作業考卷，及其他級務處理等（謝寶梅，2011）。

3. 觀察

　　觀察和參觀比起來，是比較深入的實習活動。參觀通常會在大三、大四或師資培育課程中，針對特定的主題，作學校參觀上的安排。一般而言，觀

察的主要內容包括教師的教學活動與教師班級經營實務等，透過觀察，可以提供準教師在班級經營與教學上的參考。

4. 模擬試教

模擬試教是試教前的準備工作，準教師在修師資培育課程時，選修中小學（含幼兒園）各科教材教法或教學實習時，任課教授會針對各學科教材教法，要求修課的學生，針對學科教材教法設計單元教學教案，並且在大學的課堂中，進行模擬試教活動。一般而言，模擬試教是將修課的大學生，當作是中小學學生並進行試教的活動。在模擬試教時，指導教授通常會設計各種教學觀察表，針對準教師的模擬試教，提出專業的改進意見。

5. 教學實習

教學實習又稱為「試教」，是經過事先的安排，針對中小學特定的學科，撰寫單元教學計畫（或教案），經過指導教授的修正和監督，挑選適合的中小學班級，讓準教師依據單元教學教案的規劃設計，進行實際的教學活動。在進行教學實習時，通常會安排教學觀察人員、教學評鑑人員，針對教學設計進行教學方面的檢核與檢討工作。隨後，擔任教學實習的準教師，必須針對教學意見表檢討修正自己的教學活動。

6. 集中教育實習

集中教育實習是師資培育單位，針對中小學師資培育課程，所規劃設計的課程內容之一。主要的做法是擔任教學實習課程的教授，配合設有師資培育課程的大學行事曆，在大三、大四或選修師資培育課程的準教師，在學期期間選定簽有實習合作的學校，進行為期兩週的教育實習活動。在教育實習期間，師資培育學生必須到實習學校，進行集中教育實習活動。

（二）大五教育實習的項目

大五教育實習是教育大學或設有師資培育課程的學校，選修中小學師資培育課程的大學生，在畢業之後到自己選定的實習學校，進行為期半年的實習活動。大五教育實習的項目，包括下列幾項：

1. 教學觀摩

實習教師在大五教育實習期間，應該要針對自己的實習學校、班級和專長學科，辦理教學觀摩會，並邀請實習學校校長、主任、實習指導教師、師資培育學校的指導教授等，出席教學觀摩會。在教學觀摩當天，應該針對教學的單元，提供單元教學設計、教學觀摩評量表、教學觀摩相關資料等，請出席人員針對學科教學觀摩，提出專業的檢討與修正意見。

2. 試教

大五教育實習期間，實習教師應該先扮演見習、觀摩的角色，隨時瞭解班級經營與班級教學的實施，作為自己專業成長的參考。在實習進行到一段時間之後，實習教師可以和實習指導教師商討，針對自己比較熟悉或有把握的學科，進行試教活動。實習教師可以先針對試教的學科，研擬具體可行的教學設計（教案），或是先將自己的教學構想講出來，請實習指導教師指導，之後再進行試教活動。

3. 研討進修

研討進修活動是中小學在學期間，針對該校教師的專業成長需求，配合學校行事曆所辦理的活動。實習教師可以配合實習學校，出席各種研討進修活動，並且進行實習專業上的反省檢討。在研討進修活動的實施方面，實習教師也可以針對實習需要方面，自行辦理研討進修活動，選定特定的主題（例如，如何增進實習教師的教學技巧），進行研討進修活動。

4. 導師工作

導師工作是中小學教師最重要的工作職責，實習教師在實習期間，應該在實習班級，跟隨實習指導教師瞭解導師的工作內容與職責，並且在班級實習中瞭解導師的工作內涵，並結合理論與實際，以便落實教育理念。

5. 班級實務能力

班級實務能力包括班級教室布置、班級硬體規劃、班級學生座位、班級氣氛營造、班級親師溝通、班級清潔等項目。在大五教育實習期間，實習教

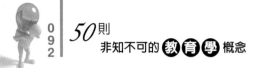

師必須在班級進行半年的實習，在此期間必須跟隨指導教師，學習各種班級實務能力，作爲未來成爲合格教師的準備。

6. 教學方法與技巧

教學方法與技巧是班級教學的重要關鍵，也是身爲中小學教師必備的專業能力，透過教學方法與技巧的熟練運用，可以提升教師教學效能與學生學習效能。實習教師在班級實習過程中，教學方法與技巧的熟練，是實習的重要關鍵，同時也是決定實習成功與否的項目。

7. 學校行政實習

學校行政實習是教育實習中的項目之一，透過行政實習，可以提供實習教師有關學校行政組織與行政運作方面的訊息，從行政實習可以瞭解學校的組織章程、學校的行政單位、學校行政人員的工作與職責、學校行政方面的各種報表、學校行政組織與人員的相互關係等。透過行政實習可以提供準教師在未來成爲正式合格教師時，瞭解如何配合學校行政工作，或從事學校行政工作。

8. 其他方面的實習

除了上述的實習項目之外，實習教師仍需承擔實習學校臨時交代的事項，或是協助各種臨時性的任務。例如，中小學暑假期間會辦理各種教師研習進修活動、暑假期間學生教科書的收發和分發工作等。

筆記欄

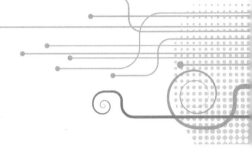

19 適性教育

適性教育的意義和實施，主要用意在於針對學生的學習性向與學習潛能，提供適應個別差異與個性的學習機會和環境，讓學生可以在學習方面擁有自我實現和成功的機會。有關適性教育的意義、概念澄清、實踐經驗、在教育上的應用，簡要說明如下。

一、適性教育的意義

一般而言，適性教育所指的適性，是適應孩子性向學習和教育，或是發展適合學生學習本身和個性的教育。適性教育的發展，強調教育活動的實施，應要針對學生的個性、潛能、需求和特性等，作為教育活動的參考。適性教育重視的就是「因材施教」、「有教無類」、「人盡其才」等理想的達成。

二、適性教育的概念澄清

適性教育的概念，一般和個別教育、個別發展、傳統教育、適性教學等相關的概念，常常被混為一談。有關適性教育和上述概念的澄清，簡要說明如下：

（一）適性教育和個別教育

個別教育的理念是奠基在於一對一的教育方式之上，透過一對一個教育方式，教師可以針對個別學生的學習與成長，考慮教學方法的運用，以及教學活動的設計。由於是一對一的個別教育方式，因此，教師可以隨時提供學生在教學與輔導方面的協助。適性教育的理念是在教學活動進行中，教師可

以依據個別學生的學習成長情形，提供適合每一位學生的教學策略與方法，透過適性教學的實施，可以提供學生在學習過程中，立即性的教學協助與支持。因此，適性教育策略的運用，有別於個別教育策略的運用。前者主要在於提供不同學生適性的策略，並且能在團體教學中，隨時引導學生進行學習活動；個別教育的目的在於提供學生獨特的、個別的學習方式，引導學生達成學習效果。

（二）適性教育和個別發展

個別發展的重點在於強調個體發展時，不同階段的個別性需求、興趣、特性等個別化的發展。適性教育強調的是在群體中，不同個體發展上的需要。因此，適性教育並非針對個別學生，進行教育活動或教學活動。個別發展在學校教育方面，重視的是個別學生在發展上的需要，在學習方面的需求，必須針對個別學生進行教學方面的規劃設計。

（三）適性教育和傳統教育

適性教育和傳統教育的差別，在於傳統的制式化教學或填鴨式教學，並無法在教學活動實施中，考慮到個別學生之間的學習差異，無法以此教學活動符合學生的學習需求，因此，無法讓每一個學生得到良好的學習效果。教學活動的實施，無法及時顧及每一位學生的需要，協助學生解決學習上的困難，增加學生的學習參與感。適性教育可以在教學活動中，實施因材施教，充分考慮學生的個別差異，發掘每一位學生的學習優勢，提供及時的教學輔導。

（四）適性教育和適性教學

適性教育的重點，在於調整學習環境，使個體可以在團體的學習中，得到個別性的發展。適性教育的理念在於提供適當的學習經驗，使個別學生可以達成學習目標。適性教學強調的是重視學生的學習經驗、學習特性與學習需求，透過對學生學習方面的評估，提供適合學生學習的最佳環境，使學生的學習成效可以達到最佳化。

三、適性教育的實踐經驗

適性教育和一般傳統的教育有所不同，適性教育是在傳統教育中，考慮到學生的個別差異，以符合學生的學習需求，讓每一位學生都可以在班級的學習中，發展適合自己特性的學習風格。

（一）適性教育的理念

適性教育的發展，和一般傳統教育的發展，差異性是相當大的。適性教育的發展有幾個理念，包括有教無類、因材施教、積極性的差別待遇等。有教無類的理念，包括無論學生個人的條件和背景如何，學校都要提供均等的教育資源讓學生分享；政府應該要保障各種人等，享有一樣的入學機會。在因材施教方面，學校教育應該要依據學生個人的能力、潛能而給予差別待遇；學校應該依據學生的不同學習能力、性向而給予差別待遇。

（二）學校教育上的意義

適性教育在學校教育上的意義，包括下列幾項重要的理念：(1) 提供適當的學習環境給不同的學生，以進行多樣化的學習活動；(2) 學校應該要鼓勵學生培養積極進取的學習態度，透過各種策略與方法的運用，增進學生的學習興趣和效果；(3) 學校可以設計各種適合發展不同能力的課程，讓學生可以從課程與教學中，激發學習的潛能，並且促進優質的學習成長。

（三）教師教學上的意義

適性教育在教師教學上的意義，包括下列幾點重要的層面：(1) 教師應該針對學生不同性向發展、學習潛能、學習需求和特性，進行教學方面的設計，以適當的方法提供學生學習的機會；(2) 教師在教學方法的應用上，可以考慮採用腦力激盪術、發現學習、探究訓練等方法促進思考能力的發展，以增進學生的學習效能；(3) 教師應該針對不同學生的學習發展，提供適當的教學方法，激發學生對學習的興趣，並且提高學生的學習效果；(4) 教師應該考慮學生的學習能力與學習特性，提供個別化教學、特殊教育、適性教

學，以滿足不同能力學生的要求。

四、教導學生成為獨立的適性學習者

適性教育的提供是學校與其他教育機構的主要責任，但學習者自己應該是適性學習者的主要經營者（黃政傑、張嘉育，2010）。要教導學生成為獨立的適性學習者，下列幾項重要策略可以參考：

（一）引導學生自己負起適性學習的主動角色

學校教育應該要讓學生瞭解自己對學習的責任，適性教育也應該引導學生自己要負起適性學習的主動角色，透過瞭解自己的特質，學習負起適性學習的責任。

（二）引導並鼓勵適性學習者養成應備的主動角色

學習者要負起適性學習的主動角色，以養成各種學習的基本能力。當學生具備基本能力時，才有助於進行獨立學習。

（三）建立終生學習系統以支持個人終生適性學習

學校應該培養學生建立終生學習系統，以支持個人終生適性學習活動的進行，透過學習系統的建立，才能激發學生自發性的學習。

五、適性教育的應用

適性教育的應用，不僅僅是學校教育活動實施的理念，同時也需要教師在進行課程與教學設計時，針對學習者的特性、需求、興趣、發展等方面的需要，進行個別性的教學設計，以達到適性教育的理想。

【焦點概念】 適性發展的概念

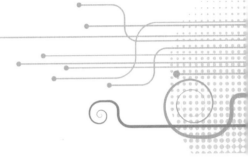

20 環境教育

　　環境教育的主要目的,在於教導人與環境的相處問題,透過教育歷程的策略與方法,提升人對環境的認識、人與環境的相處、人與環境的互動關係等。環境教育是一種教育的過程,用以教導人類認識環境問題,瞭解並關切資源與環境之關係,使人類具備保護及改善環境品質所需之倫理、知識、態度、技能及價值觀,進而能夠致力於維護生態平衡及環境品質,以達到資源永續利用、人類永續發展的目標(楊冠政,1998)。

　　有關環境教育的概念,簡要說明如下。

一、環境教育的源起與發展

　　有關環境教育的發展源起,從 1965 年,英國學者 Yapp 首先將環境問題和教育的關係合併成為「環境教育」;美國於 1970 年通過「環境教育法」,強調保留自然資產與提升民眾對於環境汙染及自然生態原理的認識(楊冠政,1998),這些行動皆可視為環境教育的開端。1972 年,聯合國在瑞典斯德哥爾摩所召開的人類環境會議中,建議執行「國際環境教育計畫」(International Environmental Education Program,簡稱 IEEP),作為聯合國會員全面因應環境危機的一項重要措施。

　　1975 年,在前蘇聯貝爾格勒召開國際環境教育會議,提出了推動環境教育的基本架構;並在 1977 年元月,在芬蘭首都赫爾辛基召開區域環境教育大會,擬定環境教育的目標、策略與建議。1977 年 10 月,在前蘇聯的伯利亞召開第一次國際環境教育會議,會中提出 41 項建議,提供世界各國推

歷史大事年表

1965	1970
Yapp 將環境問題與教育關係合併為環境教育	美國通過「環境教育法」

行教育的架構和指導方針。

　　1992 年，在巴西里約熱內盧召開「聯合國環境與發展會議」（又稱地球高峰會議），於會中通過二十一世紀議程，達成共識：「經濟發展必須與環境保護相互協調」及「將永續發展的理念作為共同追求的目標」，致力推展環境教育，期望地球資源與生態環境能和人類永續共存（宋建奇，2000）。2002 年，在南非約翰尼斯堡再度召開地球高峰會，通過了「永續發展宣言」，對「環境保護」許下了遠大的願景。

　　綜合上述有關環境教育的發展，可以清楚地瞭解地球上所產生的環境危機，引起世人開始聚焦於關懷地球的議題上，在世界各地所舉行的大型環境教育的會議或宣言中可知，人類於 1970 年代開始重視環境問題，開始去思考如何透過環境教育的方式，讓地球上的公民瞭解永續發展的理念，進而產生愛護地球的責任感和使命感（黃汝秀，2009）。

二、環境教育的定義

　　有關環境教育的定義，不同國家針對環境的屬性與學校教育的發展，而有不同屬性的定義。我國行政院環保署對於環境教育之定義為：「環境教育是以達到改善環境為目標的教育過程，是一種澄清觀念與形成價值的教育過程，是發展人們瞭解和體認人與文化及生物、物理環境間相互關係所必須的技能和態度。環境教育也教導人們在實際面對有關環境品質課題時，如何做決定，暨發展自我行為依據的準則。」

　　透過上述有關環境教育的定義，主要目的在於透過教育歷程，改善現有的環境。透過教育歷程的澄清觀念與建立新觀念的方式，引導人民瞭解所處的環境和生活之間的相互關係。

三、環境教育的目標

　　環境教育的目標在喚醒人類對環境的覺知和關愛，並使人們理解和環境

1972	1992	2002
聯合國開會建議執行「國際環境教育計畫」	巴西里約熱內盧召開「地球高峰會議」	通過「永續發展宣言」

相關的問題，使人們以合理態度、知識和技能，處理現存的環境問題及預防新問題的發生（楊政冠，1998）。有鑑於此，環境教育的目標，依據李昆山（1997）的分析，包括下列幾個重要的目標：

1. 藉由教育過程，使全民獲得保護改善環境所需之倫理、知識、態度技能及價值觀。

2. 以人文理念與科學方法，致力於自然生態保育及環境資源合理經營，以保護人類社會之永續發展。

3. 確立經濟發展與環境保護互益互存之理念，在生活實踐上，倡導珍惜資源，使全民崇尚自然，落實節約能源、惜福愛物及垃圾減廢、資源回收再利用的生活方式。

我國環境教育的目標，在內涵方面包括環境輪、知識、態度等方面的價值觀；同時包括人文理念與科學方法的相互關係，並且包括經濟發展與環境互益互存的理念等。

四、環境教育的內容

依據聯合國的國際環境教育計畫認為，研究環境問題必須運用科學過程技能（science process skills）和社會研究的技能（skills for the social studies）（楊政冠，1998）。計畫中亦提及解決環境問題的技能包括七項：

1. 辨認環境問題。
2. 研究環境問題。
3. 蒐集資料。
4. 建議可能解決的方法。
5. 評估可能解決的方法。
6. 環境行動分析基準。
7. 採取環境行為。

由上述的觀點，國內環境教育的內容，應該包括知識、情意、技能方

面的環境認知、情意和技能三大領域，三方面均有其重要性，亦不可偏廢。從認識環境教育著手，一方面讓學生瞭解生物生存的環境與生態學的基本原理，一方面則培養學生愛護和保護環境的心。當學生有完備的認知和情意方面的環境內容與態度後，再透過環境科學之課程與教學，學習該有的環境科學技能來防止環境問題的再度產生、惡化或是恢復人類迫害前之環境，追求人與自然平衡的狀態（黃汝秀，2009）。

五、環境教育融入學校課程

最常融入環境教育的學習領域，是自然與生活科技領域、生活領域、社會領域、鄉土教學和藝術與人文領域；也有運用班群教學方式、教學模組等的學校本位課程，或是以主題式的統整方式來實施環境教育。一般學校教育中，只要教師具有適當的環境教育認知與態度，並根據能力指標發展出適當的教學目標，做好課程規劃之相關事宜，定能確實將環境教育融入各科教學當中（黃汝秀，2009）。

六、環境教育的實施

學校實施環境教育的目的是在探討環境問題，然而，環境問題因世界各國的地理環境、歷史文化背景和經濟發展不同，遭逢的環境問題差異性極大，而且環境問題涉及的範圍極為廣泛，以空氣汙染議題為例，可以探討其汙染物的物理、化學性質、對生物所造成之影響、其產生及防治的方法，以及防制汙染的法律等，可見空氣汙染問題的教育內容涵蓋物理、化學、生物、工程及法律等。雖然單科式科際整合模式的環境教育能較有系統且較有效地達成教學目標，但就現實面考量，現行之國民中小學、高中、高職課程皆採分科教學，各學科之教學分屬不同之教師，在推行上實有困難。

【焦點概念】環境教育融入學校課程

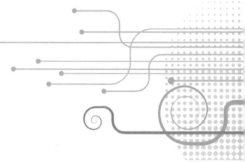

21 回流教育

一、回流教育的意義

　　回流教育（recurrent education）係指個人在一生大部分的時間中，教育、工作、休閒三者輪替的發生；或學習活動在一生中，因環境的改變而作間斷的發生。回流教育係 1969 年以後起源於歐洲的一種教育思潮，其主張個人有權在終生中重回教育的行列。對於「回流教育」一詞，一般有兩種看法：一是視爲繼續教育的一種型態；另一爲將教育視爲一種人權。回流教育的思想係 1969 年由瑞典教育部長波爾莫（O. Palmeo）所提出，認爲教育不可能一次完成，人在從事一段工作後，應重新接受教育，形成教育－工作－休閒的循環模式，以代替傳統的直線式生活型態。1970 年以後，國際經濟合作發展組織（Organization for Economic Cooperation and Development，簡稱 OECD）極力倡導此一教育理念。該組織以回流教育爲主題，出版一系列的報告。回流教育常被視爲達成終生教育的一種策略，亦常與「終生教育」一詞交相爲用，而成爲終生教育的同義詞。

二、回流教育的發展

　　1969 年，瑞典教育部長波爾莫在法國凡爾賽所召開的歐洲國家教育部長會議中，正式提出了「回流教育」一詞。隨後在 1970 年代初期經由聯合國教科文組織（UNESCO）、經濟合作發展組織（OECD）及歐洲議會（Council of Europe）的倡導，廣爲世界各國所重視。回流教育被視爲「二十

歷史大事年表

1969	1970
瑞典教育部長波爾莫提出「回流教育」一詞	聯合國教科文組織（UNESCO）倡導

世紀教育的第一個新理念」，這項理念的發展亦得力於 1973 年在瑞士伯恩所舉行的歐洲國家教育部長會議，經濟合作發展組織發表《澄清報告書》（*Clarifying Report*）的闡揚。當時回流教育被定義爲：一種義務教育或基礎教育後的綜合性教育策略，主要特性在於教育應以循環的方式，在個人的生命全期中與工作、休閒、退休及其他活動輪替發生（Hasan, 1996, pp.33-34）。

三、回流教育的目標

經濟合作發展組織亦明確地指出，回流教育的原則與目標如下（Tuijnman, 1996, p.100）：

1. 促進學校學習與其他生活情境學習的相互補充。此意味著學位證書不應被視爲教育生涯的結束，而是終生教育與個人生涯發展的一個過程。

2. 檢視義務教育的結構與課程。中等教育在課程的安排上，應給予學生在進階學習或從事工作之間能獲得客觀的選擇；課程與教學方法的設計，應透過合作的方式，結合各種團體的參與，以發展更好的內涵。

3. 在教育政策、公共政策與就業市場政策之間，作適度的調整與統合。

4. 在各級學校中實施補償教育。

5. 經由傳統教育機構與大學的開放，提供成人學習的機會，以促進成人在高等教育的參與量。

6. 無論何時何地，當成人有學習需求時，教育的提供應盡可能擴及到每個人，而成人教育的實施亦需經過完善的規劃。

7. 承認經由非傳統教育途徑所獲得學分的價值，工作與相關經歷亦應被視爲一項入學資格。

8. 揚棄傳統正規教育體系的終結教育模式，並且確保人人在生涯階段中接受義務教育後，仍能繼續獲得教育。

9. 在高等學校、大學與工作場所中，促進教育與工作的輪替發生。

回流教育之所以能經由倡導後，短短幾年間受到歐洲先進國家的重視，

1973
歐洲國家教育部長會議發表
《澄清報告書》

1996
經濟合作組織界定回流教育
原則與目標

主要原因在於人們相信回流教育具有以下各種個人與社會功能：

1. 保障教育機會的均等。

2. 更新工作技能與知識。

3. 提升生產力。

4. 降低失業率。

5. 幫助個人的成長與自我實現。

6. 順應社會變遷。

7. 促進社會流動。

8. 促進社會民主，並確保個人的自由選擇。

四、回流教育的內涵

回流教育的理念，建立在教育機會必須擴及到個人的一生，同時教育與工作能輪替發生，而延長個人接受教育的時間。五種概念意涵說明如下：

（一）回流教育是對傳統教育的一種批判

傳統教育是一種前端終結教育模式（front-end model），將教育集中在青少年階段實施，個人的生涯規劃係遵循著「教育－工作－休閒」直線發展模式，在變動緩慢的傳統社會裡，這種教育模式有其存在的價值與貢獻。然而，現代社會已逐漸走向學習社會，學習社會是一個科際民主的社會，學習社會亦是一個變遷快速的社會。在學習社會中，工作與教育應有更多的交流與輪替，同時，教育機會應擴及到個人的生命全期。回流教育理念的興起，正是為順應時代變遷及個人需要，而對傳統教育的一種批判。

（二）回流教育是推動終生學習的一項策略

1973 年，經濟合作發展組織出版了《回流教育：終生學習的策略》（*Recurrent Education: A Strategy for Lifelong Learning*）一書，強調教育機會的均等，以促使教育的發生能與個人的生命相久遠，因此，回流教育必須成為一種長期的計畫策略，而有助於終生學習的推動，並培養個人成為一位

真正的終生學習者（OECD, 1973）。推動終生學習需要多種主客觀因素的配合，而回流教育則是其中的一項重要策略。

（三）回流教育是終生教育的體系之一

回流教育是終生教育的一種實踐策略。事實上，回流教育亦可視為終生教育的一種體系。終生教育體系的建構，涉及的範圍與實務甚廣。就教育體系發展的觀點而言，回流教育體系乃是建構終生教育體系的一項重要內涵，終生教育這種巨型體系，已涵蓋了回流教育體系這項層面。

（四）回流教育是學校教育體制的重要改革

回流教育理念的興起，無疑帶給了學校若干的衝擊與省思，促使人類漸漸意識到在現代社會中，學校所應扮演的多重角色及多種功能。學校不應僅為傳統學生服務，而應敞開學習之門，接納更多的成人，提供更多的學習機會給成人。而為實現這項功能，各級學校尤其是大學院校，有必要在結構制度、課程目標、教學內容、教學方法及公共服務等要項，進行必要的體制改革。

（五）回流教育是學習社會的一項實踐策略

學習社會的建構，需要多種實踐策略的配合，而推動回流教育則是建立學習社會的必要策略之一。回流教育體系的建立包括中等教育、高等教育及成人繼續教育三個階段，為落實回流教育制度的實施，正規學校教育，尤其是高等教育機構，應建立多元化的入學標準，並放寬入學限制，方便個人隨時可以返回學校參與學習，以擴大學習的參與，並促進工作與學習的密切交流，進而促成學習社會的實現。

【焦點概念】終生學習的概念

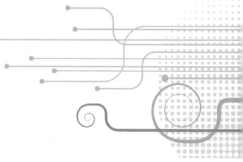

22 生命教育

生命教育的實施，主要是透過學校教育活動，提供並引導學生面對生命的重要性，瞭解生命存在的意義，進而尊重他人的生命，重視自己的生命和存在價值。

一、生命教育的源起與實施

回顧 1997 年教育部開始大力推動生命教育在中學校園實施的政策，期待能從根本導正升學主義下，過分重視理工實用、輕忽人文理想的教育體制。目前生命教育推動規劃由小學到大學漸次實行，而且納入九年一貫的課程綱要中，期待透過教育的歷程，引導學生認識自己，看到每個人的獨特性，並思索其生命的意義，學會關懷別人，建立積極進取的人生觀，肯定自己存在的價值，勇於實現自己的理想（張婉如，2015）。

1968 年，Donald Walters 認為教育應該要引導人們充分去體悟人生的意義，為了實踐其生命教育的理想，在美國加州內華達山成立了阿南達村（Ananda Village），其認為教育是在幫助孩子做好迎向人生的準備，因此，鼓勵孩子從生活中學習，讓自然法則教導孩子，並向內尋求真實的自我。因此，阿南達教育系統的課程最初被稱為「如何生活」課程，後來才正式命名為「生命教育」。期待藉由這樣的課程學習，讓學生身心靈各個層面都能逐漸進步，成為平衡、快樂、成熟且和諧的人（林鶯譯，1991）。

歷史大事年表

1997	2001
省教育廳推動中等學校生命教育計畫	教育部宣布為「生命教育年」

二、生命教育的意義

生命教育是全人關懷的教育，從生命的本質與關係開始進行，探討生死議題及瞭解生命的各種現象，透過生命教材及體驗活動，引導學生認識生命的本質，生存的意義，培養學生對生命的尊重與關懷，並建構正確的生命態度，進而參與社會的關懷行動，藉由教育的力量推動學生的學習，提供學生探索的機會，培育出自尊尊人的學子。

三、生命教育的內涵

生命教育的內涵，依據個體不同的發展階段，而有不同的主張和任務。以幼稚園到九年一貫學習階段的生命教育內涵為例，生命教育的向度包括人與自己、人與社會、人與自然、人與天等，參見表 22-1。

表 22-1　幼稚園到九年一貫學習階段的生命教育向度及內涵架構

向度	內涵、架構	向度目標
人與自己	1. 瞭解自己：認識自己的獨特性；學習瞭解每個人的興趣、能力與特質。	尊重和珍惜自己的生命。
	2. 欣賞與接納自己：欣賞自己的優點，接納自己的缺點，肯定自我價值，培養自我覺察的能力。	
	3. 發展自己：發展自己的潛能與特質，運用批判思考、創造正向思維能力，面對日常問題與未來的理想、夢想。	
人與社會	1. 培養同理心：面對不同的族群、性別和文化時，能學習體驗與尊重多元的價值觀，培養設身處地和感同身受的能力。	尊重和珍惜他人的生命。
	2. 欣賞與接納他人：欣賞他人優點，接納他人缺點。	
	3. 尊重與關懷：關懷弱勢族群或需要幫助的人，創造人際之間和諧的互動。	
	4. 寬恕與包容：培養寬容、轉變偏見與歧視的態度，從家庭、班級學校做起。	

2004
教育部推動「生命教育中程計畫」

2007
教育部訂定「推動校園學生憂鬱與自我傷害三級預防工作計畫」

向度	內涵、架構	向度目標
人與自然	1. 欣賞與愛護自然：藉由親近自然，發現自然之美，進而關懷自然生命。	尊重和珍惜他人的生命。
	2. 永續經營自然：藉由觀察生態變化與思考環境問題，體認珍惜自然的重要。	
人與天（宇宙）	1. 追求生命的意義：透過正確的生死觀與信仰觀，追尋生命的真義。	體會生命的意義和存在的價值。
	2. 發現和擁有美德：發展人類美好的特質，培養對靈性的認知和覺察力。	

資料來源：吳庶深、黃麗花（2010）。

四、生命教育的目標

有關生命教育的目標，依據教育部生命教育中程計畫（2001）所訂定生命教育的目標為：

1. 有一顆柔軟的心，不做傷害生命的事。
2. 有積極的人生觀，終生學習，讓自己活得更有價值。
3. 有一顆愛人的心，珍惜自己，尊重別人，並關懷弱勢團體。
4. 珍惜家人，重視友誼，並熱愛所屬的團體。
5. 尊重大自然，並養成惜福簡樸的生活態度。
6. 會思考生死問題，並探討人生積極關懷的課題。
7. 能立志做個文化人、道德人，擇善固執，追求生命的理想。
8. 具備成為世界公民的修養。

五、評論

教育部從2000年成立生命教育推動委員會，至今已十餘年，但近年來，

青少年的低挫折容忍力及對生命的漠視，使得許多學者認爲生命教育不應只侷限於生死議題和情意方面的教育，更應包含生命智慧的認知層面和具體實踐的行動，讓學生從課程中探尋生命的歷程，追尋生命的價值。生命教育雖日益受到重視，但目前在教育目標上，尚無一定的標準，因此，綜合學者們的論點，生命教育的目的，在於透過教育的歷程，引導學生認識自己，看到每個人的獨特性，並思索其生命的意義，學會關懷別人，建立積極進取的人生觀，肯定自己存在的價值，勇於實現自己的理想（張婉如，2015）。

　　儘管如此，生命教育在國內的推展，不管是採用哪一種教學方法，或是透過學校本位課程的實施，將生命教育融入學校課程與教學中，對於學生的生命教育觀念改變，已經累積相當豐富的成果，未來的生命教育如何激發學生對於生命發展的另一種觀念的養成，有賴國內學界與實務界的共同努力。

【焦點概念】生命教育計畫

23 多元文化教育

多元文化概念的主要精神在於「同中求異、異中求同」，多元文化教育強調的是瞭解自己，同時也要瞭解周遭的人事物等理念的落實。有關多元文化教育概念的理解，簡要說明如下。

一、多元文化教育的意義

多元文化教育的意義，涉及的範圍相當廣，它同時是一個複雜的概念，由於探討多元文化的角度不一樣，對於多元文化意義的詮釋，也會有不同的概念出現。依據行政院教育改革審議委員會的定義：「多元文化教育的理念，在於肯定人的價值，重視個人潛能的發展，使每個人不但能珍惜自己族群的文化，也能欣賞並重視各族群文化與世界不同的文化。在社會正義的原則下，對於不同性別、弱勢族群，或身心發展障礙者的教育需求，應予以特別的考量，協助其發展。」（姚美蘭，2015）

二、多元文化教育的目標

多元文化教育實施的主要目標，包括兩大類：(1) 尊重他人；(2) 尊重自己。一般多元文化教育實施的目標，大部分分成認知、情意和技能三個層面。從上述的兩個實施多元文化教育的理想，多元文化教育的目標可以約略分成下列幾項（黃政傑，1993）：

歷史大事年表

1960	1961
族群研究運動	受統治民族自我意識覺醒

（一）尊重他人

1. 認知方面的目標

在認知方面的目標，應該教育學生瞭解下列的目標：(1) 種族和種族差異的基本事實；(2) 主要文化的風俗、價值和信念，尤其是地方社區的文化；(3) 為何地方社區變成目前的民族組成型態。

2. 情意方面的目標

在情意方面，所有的學生都應該接納下列目標：(1) 每一個體的獨特性；(2) 我們共有的人性；(3) 公平權利和正義的原則；(4) 其他文化和國家的成就；(5) 陌生人而不會感受到威脅；(6) 英國是一個多族群的社會；(7) 沒有文化曾經是靜止的，多元文化社會如英國，所有文化需不斷地相互調適；(8) 在英國，偏見和歧視是很普遍的，而且其中有其歷史和社會經濟上的原因；(9) 偏見和歧視對於被排拒的團體具有傷害作用；(10) 發展多元忠誠是可能的。

3. 技能方面的目標

所有學生都應該能學會下列技能：(1) 區別事實和意見，並能評估其所見、所聞、所讀的事實內容；(2) 冷靜地評估自己的文化。

（二）尊重自己

1. 認知方面的目標

所有的學生都應該要知道自己文化的歷史和成就及其特質。

2. 情意方面的目標

所有的學生都應該接納：(1) 積極的自我意象；(2) 肯定自我認同感。

3. 技能方面的目標

所有的學生應該能：(1) 以英語有效溝通，或者英語不是母語的話，使用母語溝通；(2) 熟練在學校成功學習的其他基本技能。

多元文化的教育目標，主要精神在於教育學生培養理解與尊重的多元文化素養，透過教育能認識不同的文化知識，面對不同族群能相互欣賞、尊重認同，並肯定多元文化的價值，且具有良好的文化溝通、文化體驗能力，並

1970
對自己歷史、文化的認同

2000
強調種族研究

進而消除我族中心主義、族群偏見和歧視，最後能促進不同族群間的和諧，此為多元文化教育最終的理想和目標。

三、多元文化教育課程的設計模式

多元文化教育課程設計的模式，主要是依據多元文化教育目標而來，透過課程設計與教學實施，強化並修正學生的自我認識與認識他人的基本能力或素養。有關多元文化教育課程的設計模式，以 Bank（1993）提出的課程設計模式，參見圖 23-1（林進材，2006）。

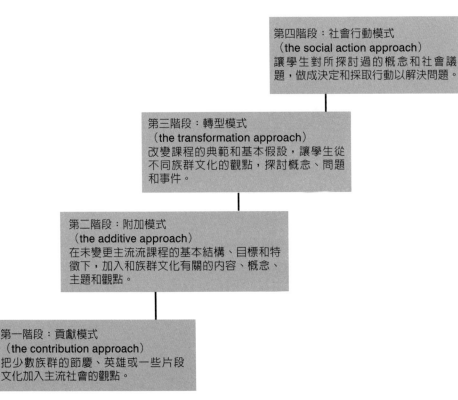

第四階段：社會行動模式
（the social action approach）
讓學生對所探討過的概念和社會議題，做成決定和採取行動以解決問題。

第三階段：轉型模式
（the transformation approach）
改變課程的典範和基本假設，讓學生從不同族群文化的觀點，探討概念、問題和事件。

第二階段：附加模式
（the additive approach）
在未變更主流流課程的基本結構、目標和特徵下，加入和族群文化有關的內容、概念、主題和觀點。

第一階段：貢獻模式
（the contribution approach）
把少數族群的節慶、英雄或一些片段文化加入主流社會的觀點。

圖 23-1　多元文化教育課程設計模式

（一）第一階段：貢獻模式

此階段的特色在於把少數族群的節慶、英雄或一些片段文化，加入主流社會的觀點。

（二）第二階段：附加模式

此階段的特色在於未變更主流課程的基本結構、目標和特徵之下，加入和族群文化有關的內容、概念、主題和觀點。

（三）第三階段：轉型模式

此階段的特色在於改變課程的典範和基本假設，讓學生從不同族群文化的觀點，探討概念、問題和事件。

（四）第四階段：社會行動模式

此階段的特色在於讓學生對所探討過的概念和社會議題，做成決定和採取行動解決問題。

透過上述多元文化教育課程設計模式，教師可以透過課程與教學的實施，採用漸進方式，教導學生多元文化的概念，並慢慢改變學生的傳統觀念，修正對多元文化模式的概念。

四、多元文化教育課程設計的類型

一般而言，適合國內中小學實施的多元文化教育課程設計類型，簡要說明如下（黃政傑，1995）：

1. 補救模式：以傳統課程為核心，安排弱勢族群學生接受補救措施。

2. 消除偏見模式：對於傳統課程中內容的偏見加以探討、調整或刪除。

3. 人際關係模式：在課程中加入人際關係內容，以促進族群和諧。

4. 非正式課程模式：將民族英雄及節慶活動和內容融入課程中。

5. 正式課程附加模式：把與有關族群內容，附加到正式課程的相關科目中。

6. 融合模式：以社會事件為核心，再從不同族群的觀點探討該事件。

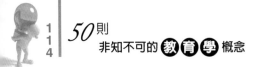

7. 統整模式：將族群內容與其他相關課程作一統整。

8. 社會行動模式：強調學生面對問題時做決定及行動的能力。

9. 族群研究模式：獨立開設一門族群研究的課程。

10. 整體改革模式：改變學校整體教育過程，以符合多元文化教育目標。

五、結論

多元文化教育的實施，在國內外的教育體制中，透過課程與教學改革和實施的途徑，已經實施多年且累積相當的成效。近幾年來，多元文化教育的重要焦點概念和關鍵，慢慢廣為一般社會大眾重視，且在學校教育中積極落實。未來，在多元文化教育素養方面的教育訴求，必然隨著多元文化教育的被重視，成為下一波學校教育改革的重要議題。

【焦點概念】 同中求異、異中求同的概念

筆記欄

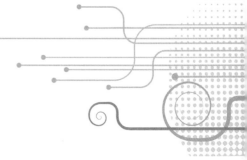

24 潛在課程

　　潛在課程的概念，是研究課程與教學的議題中，經常被提到的概念。有
關潛在課程的意義，簡要說明如下。

一、潛在課程的意義

　　潛在課程是學生在正式課程與非正式課程之外的許多學習經驗，隱藏在
教育過程的各種情境中，是屬於無意的、未經設計的，需要由學習過程和已
有的學習結果去觀察和反省，它對於學習者的影響甚至超過正式課程（林進
材，1995）。

二、潛在課程的概念

　　潛在課程的概念，依據 Martin 的概念，可定義為：「是學校或學校以
外的教育情境中，產生的某些結果或副產品，特別是那些學生已經學到但未
公開宣稱為有意產生的學習狀態。」Vallance 則認為，潛在課程是指學校教
育的非學術結果，這些結果不但重要，而且是有系統的發生，但並未明示於
各級公立學校的教育理論或原理之中，是學校教育系統的副產品（林進材，
1995）。

　　由相關學者對於潛在課程的定義與分析，可以綜合得知潛在課程與外在
課程是相對的概念。潛在課程包括「學術性」與「非學術性」兩種學習結果，
是一種動態發展的結果。潛在課程的範圍包括（林進材，1995）：

　　1.師生交互作用、教室結構、教育制度之組織形式。

歷史大事年表

1960	1968
反文化運動	Jackson 在 "Life in Classroom" 一書中提出「潛在課程」

2. 價值的學習、社會化、組織結構的維持。

3. 課程措施之偶然的、無意識的副產品等。其次，潛在課程比較屬於情意方面的學習，其來源有時不在學校體制中。

三、潛在課程的理論

一般研究潛在課程的文獻，在理論方面包括結構功能論、現象－詮釋學、社會批判理論等三個重要的架構，說明如下：

（一）結構功能論的潛在課程觀點

結構功能論以潛在課程功能的角度，分析潛在課程的產生及其內涵，認為潛在課程是全盤性課程的合理設計中的校正器。潛在課程和正式課程可達到互補的目的，是保障社會秩序穩定的手段，社會分工及社會行動的和諧，都透過它來完成。結構功能論的基本假設認為，學校教育是依據民主社會平等的理想，以及高度分工需要的事實，經有意的安排與選擇，使學習者獲致與自身能力和努力相對應的知識與社會規範，而促使上述目標現實或產生意想不到的學習結果，均稱之為「潛在課程」（林進材，1995）。

（二）現象－詮釋學的潛在課程觀點

現象－詮釋學對潛在課程的研究，偏重於「生活世界」（life world）對學習者的意義，以及情意教育的肯定。現象－詮釋學認為，課程實施應該要重視學習者的主體意識，對學習內容的詮釋和理解，以及主體間包括教師－學生、學生－學生之間意義的交換和溝通。學習要考慮生活世界和特定情境的意義，才能使學習成為主體存在意義的開展。此外，現象－詮釋學者認為，潛在課程是以現有的學習內容為基礎，在學校的生活世界中，使主體存在意義能不斷擴展於非限定性的學習活動，並透過主體意識而瞭解學習活動的意義。

（三）社會批判理論的潛在課程觀點

社會批判理論對潛在課程的觀點，有比較統整而全面性的批判，並從意

1969

Preeben、Cusick、Bowles、Gintis 提倡

識型態與文化霸權、學校結構的衝突與矛盾等方面，深入探討潛在課程。其認爲學校教育是社會整體活動的一部分，而學校結構是社會文化權力結構的反映，因此，單獨的學習活動無法促進社會變遷，使社會更平等、更自由，反而是意識型態的產物。其次，潛在課程使學校成爲人性束縛及不利學習環境的結果，成爲社會控制的工具。

四、潛在課程分析——以小學爲例

潛在課程的概念，在小學教育單位中，可由學校的物質環境、文化環境、社會環境、認知環境等層面加以分析（林進材，1995）。

（一）物質環境

小學教育的物質環境，從潛在課程的概念分析，可由校園建築及校園規劃、教室布置、學校設備等分析之。例如，學校建築的色彩、領導人物的玉照、政治意識型態的呈現等；在教室布置中的師生關係、教室的擺設、教室一事一物的呈現等。

（二）文化環境

在小學教育的文化環境中，包括教育目標、學校組織、學校儀式和規章、學校各項比賽與獎賞等。例如，學校的升旗典禮、班級活動、學生的行爲規範、學校的國語比賽、秩序比賽等，是否隱藏著潛在課程的意義。

（三）社會環境

學校的社會環境，包括師生關係、同儕關係、教師期望等，是否隱藏著潛在課程的意涵。

（四）認知環境

學校的認知環境，在內涵方面包括教科書、教學方法、教學評量等措施的實施。

五、潛在課程的價值

潛在課程的價值評定，是屬於多元的概念，不容易從單一的價值評鑑，來評論潛在課程價值的正反面。

（一）積極的價值

對於小學潛在課程具有價值者，應該設法保留並使其不斷重複發生，分析其發生的本源，強化本源運作，轉化成為外顯課程。

（二）消極的價值

對於消極價值的小學潛在課程，應分析其本源，對於可改變的潛在課程加以研究修正，使其成為有價值性的課程；對於不可改變的潛在課程，則應加以廢除，以免產生負面的效應，影響正式課程的運作。教師應該在實施教學過程中，不斷地自我檢視，察覺正式課程之外的潛在課程，以及其所產生的影響，提出具體的因應措施。

六、結論

潛在課程的實施，有些是顯現的課程現象，有些是隱而未見的課程現象。在教育歷程中，潛在課程是學校教育的一部分，面對潛在課程的存在，宜透過專業能力的開展，使潛在課程由消極性功能轉而成為積極性的功能，透過潛在課程的實施，修正課程與教學的策略與方法，使其成為學校教育的助力。

身為教育工作者，宜對存在於學校教育中各項潛在課程，有所察覺與覺知，例如，學校建築與校園規劃、教室布置、學校設備、文化環境、教育目標、規章儀式、師生關係、同儕關係、教師期望，以及各種決策與實施可能產生的潛在課程，加以應用與改善，以發揮正面積極的效應。

【焦點概念】言教、身教與境教的作用

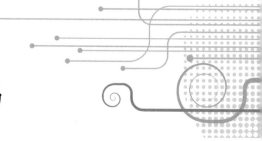

25 霸凌行為

　　霸凌的行為，是國內近幾年來校園中經常發生的現象。有鑑於霸凌的發生，容易影響學校教育的形象，同時形成學生對學校生活的恐懼，因此，教育行政單位相當重視霸凌事件的發生及預防。有關霸凌的概念，簡要說明如下。

一、霸凌行為的定義

　　根據教育部98年各級學校校園事件統計分析報告，對於霸凌的定義為：「是指蓄意且具傷害的行為，是持續重複出現在固定孩子的一種欺凌現象。」國內學者對於霸凌行為的定義，包含下列要項（林進材、林香河，2011）：

　　1. 在霸凌行為上是蓄意的、意圖的、刻意的、故意的。

　　2. 霸凌的背後是含有心理和生理壓迫、暴力、不舒服、侵犯性、傷害性的行為。

　　3. 霸凌行為在時間與行動上是持續重複地出現，是長期地、持續性重複出現一段時間、一再重複且是刻意重複的行為。

　　4. 受霸凌者的特點為固定孩子、某特定學生或一群學生、一個較無力的受害者、一個弱者、個人遭受欺凌。

　　5. 就霸凌者的權力而言，是不對稱權力、一個一群權力較強的人、擁有權力或體力的強者、力量比自己強的人、兩造間有明顯的權力不平衡。

　　6. 霸凌行為的模式有精神、身體、語言、財物、網路之欺凌行為、直接

性的身體攻擊、口語排斥威脅、性欺凌、間接性的人際關係排擠等等。

二、霸凌行為的意涵

　　有關霸凌行為的意涵，綜合國內外相關文獻的論述，對於霸凌行為的定義為：一種刻意地曝露出某固定的學生，讓他長期地、一再地，受到口頭、財物、感情、生理、心理上被其他同儕拒絕，意圖傷害而造成直接或間接的人際關係排擠。

三、霸凌行為的迷思與誤解

　　有關霸凌行為的迷思與誤解，綜合所述包含下列要項：

　　1. 霸凌行為沒有傷害，特別是言語霸凌是不會傷人的。

　　2. 霸凌行為是學校及成長中的一個過程。

　　3. 霸凌行為只發生在大學校、學業競爭、學校門外、社經地位低的學生身上。

　　4. 霸凌行為是受害者自找的。

　　上述對於霸凌行為的誤解與迷思，必須藉由教師與家長正確地傳達霸凌行為的知識及改變對於霸凌行為的看法，才能達到第一步建立正確的反霸凌觀念。

四、霸凌行為的內容

　　一般而言，霸凌行為的內容包羅萬象，但有其中幾個共同的特點：

　　1. 受害者是固定的、孤獨的、易被標籤化。

　　2. 大欺小、強欺弱的權力關係。

　　3. 口語、肢體、關係、性取向上作為霸凌的主要內容。

　　4. 引起受害者的反擊。

　　因此，霸凌行為的內容只要是針對固定的受害者進行，並致使受害者反

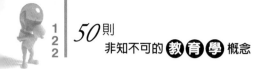

擊，但是受害者在反擊上仍舊成為受害者時，無論使用任何一種霸凌內容，都可以視為霸凌。

五、霸凌行為的類型

無論是直接霸凌或是間接霸凌，霸凌行為皆包含六種類型，即為：關係霸凌、言語霸凌、肢體霸凌、性／性別霸凌、反擊型霸凌、網路霸凌。

六、霸凌行為的因應策略

依據上述的霸凌行為，在面對霸凌時，可以針對不同的霸凌類型，採取必要的積極因應策略，簡要說明如下。

（一）關係霸凌

此類的霸凌方式主要是來自於耳語和社會關係的孤立。正因為如此，在研究報告中顯示出，女性被霸凌的數字比男性要來得少。因此，在關係霸凌之因應策略上，身為教師應該要真正瞭解到，學生們身處於班級中時，是否有被其他同學孤立的現象。

（二）言語霸凌

在言語霸凌之因應策略上，當教師發現學生無論是開玩笑或是故意採用不當語言來嘲笑他人時，應立即制止，以建立言語規範的界限，寧可嚴肅地看待學生之間的不合宜玩笑，也不要因為長期放任學生使用嘲笑的言語，而給予學生形成言語霸凌的機會。

（三）肢體霸凌

在肢體霸凌之因應策略上，不該出現在班級中的行為舉止，教師皆應立即制止。打鬧與玩笑，甚至衝突，都不應在教室內發生。一旦發生之際，教師應公平而一致性的處理。賞罰分明的教師，是有效制止肢體霸凌的介入者。

（四）性霸凌

在性／性別霸凌之因應策略上，無論是在言語及肢體方面，教師都應以身作則，形成學生的模範，不應使用相關性／性別不平等之言語來教學，也不應因為學生之性別而產生不對等的教學策略，以形成潛在平等的教學氛圍。

（五）反擊型霸凌

在反擊型霸凌之因應策略上，教師平時就要多關心學生，只要用心去觀察，一定可以有效預防霸凌行為的發生。學生們之間的打鬧或許不容易區辨，但是，教師在無法區辨行為之餘，若能採取寧可即刻制止打鬧行為，也不讓打鬧行為演變成為霸凌行為的做法，勢必可以有效阻斷霸凌行為的前兆。

（六）網路霸凌

網路霸凌是個非常棘手的問題，因為它的複雜程度是涉及所有的霸凌行為，同時，它發生的地點不只是在學校教室裡，它可能隨時隨地都在發生，卻不容易控制。多數學生認為它不容易被抓到，就算被抓到，也沒有證據證明這樣做有任何的傷害。但是，網路霸凌的傷害絕對不是天真好玩，也不亞於任何一種形式的霸凌。因此，在網路霸凌之因應策略上，平時就應在課堂上預防有關於關係霸凌、言語霸凌、肢體霸凌、性霸凌，如此才能有效預防反擊性霸凌及網路霸凌的發生。必要時在教學上，可以採用實際的案例與學生分享網路霸凌的後果，來改變學生在網路行為上的認知。

七、積極的作用

（一）學校行政與文化之因應策略

學校在行政組織與文化上，必須建立反霸凌的條約，並且賞罰分明，建立學校反霸凌的文化。行政人員必須要幫助教師去區辨霸凌與玩鬧之間的區分，甚至幫助教師去蒐集相關資料，作為教師教學上的反霸凌教材。有效的

反霸凌政策是需要時間的，行政人員應給予教師與學生在反霸凌上的支持與支援，讓整體學校文化是藉由學生本身與教師教學上的集體合作，建立公平而安全的學校環境。

（二）教師班級經營因應策略

教師在課程與教學的設計上，應包含社交技巧的訓練，像是角色扮演、創意寫作、班級開會、閱讀有關於同理心、情緒控制、衝突管理等文章。這些課程主要是幫助學生建立新的態度，以及建構班級人際關懷的氣氛。因為同儕關係才是反霸凌政策是否能夠成功的主要關鍵。而旁觀者的角色，更是反霸凌成功的核心。

在班級經營上，建立友善的班級氣氛，對於學生彼此之間的相處上，就應以合作與和平為主，一旦有任何學生超越此界限，則應立即有效地制止，才不會姑息養奸、養虎為患。

霸凌現象的發生，並非無法透過策略與方法杜絕，而是需要教師與學生積極的配合，透過防微杜漸的方式，以及有效策略的運用，可以讓校園霸凌行為不再發生。

【焦點概念】 霸凌行為與學生輔導

筆記欄

26 閱讀活動的推展

　　國內為了提升學生的閱讀素養，透過各種活動設計與推展，希望可以提升學生的閱讀能力、閱讀理解與閱讀素養。在有關的閱讀活動推展方面，簡要說明如下（楊菁菁，2010）。

一、教育部全國兒童閱讀三年計畫

（一）計畫緣起

　　在學校教育中，推動有效的閱讀策略；在家庭生活中，藉由閱讀增進親子互動；在社會環境中，營造豐富的閱讀文化，進而提升國民人文素養，並培育出二十一世紀所需的創造領導人才，實為邁入新世紀所應重視的課題。

（二）計畫目標

1. 營造豐富閱讀環境，奠定終生閱讀的習慣與興趣。
2. 培養兒童閱讀能力，使融入學習經驗及生活脈絡。
3. 發展思考性的閱讀，增進兒童創造及思維的能力。
4. 增進親子互動關係，建立學習家庭並健全其生活。

（三）實施期程

2010 年 8 月至 2013 年 8 月（三年）。

（四）推廣對象

幼稚園兒童、國小學生及其家長與教師。

（五）實施原則

1. 發揮主動參與之精神，從實踐中發現與學習。

歷史大事年表

2001	2003	2004	2007
教育部推動「全國兒童閱讀計畫」，為期三年		焦點三百國小兒童閱讀計畫	

2. 結合民間團體資源，共襄盛舉。

3. 兼顧閱讀內容之質與量。

（六）實施重點

1. 成立諮詢委員會及推動小組。

2. 進行媒體宣導。

3. 推展校園閱讀活動。

4. 辦理推廣活動。

5. 營造閱讀環境。

6. 建立專屬網站。

7. 推展親子共讀活動。

（七）預期效益

1. 第一年至少有一千所國小圖書館和幼稚園充實基本藏書，讓每個學童有二十種適用的圖書；或各國小圖書館館藏達六千種；第二年至少有兩千所學校符合以上標準；第三年全國各國小都達上述目標。

2. 第一年至少有五百所國小在各教室設圖書專櫃；至第三年，有一千所國小在教室內設圖書專櫃。

3. 第一年至少有五百所國小、幼稚園舉辦閱讀活動，課表裡編排閱讀時間，讓學童在沒有交功課和競賽的壓力之下閱讀。

4. 學生、教師及家長對閱讀的興趣和認識有明顯提升。

5. 教師及家長瞭解指導兒童閱讀之方式。

6. 社區及社區內之國小、幼稚園、托兒所聯合成立讀書會（成人或兒童），增進各界對童書的認識。

7. 社區及學校建立義工制度，協助長期辦理閱讀活動以及增強圖書館機制。

8. 教師及家長知道閱讀網站的網址，有 80% 的教師有上網查閱網站的能力（教育部，2000）。

2008

充實全國國中小閱讀
環境計畫

從教育部全國兒童閱讀三年計畫中，我們可看出政府推動閱讀活動的決心，強調閱讀是兒童學習的基礎，是幼兒腦力開發及語言發展、想像力、創造力激發的助力，因此從家庭、學校、社會三方面，以相當嚴謹的計畫進行閱讀活動的推展，同時提撥充足的經費、營造多元的閱讀環境、辦理各類研習、建立閱讀專屬網站，採質量並重方式使閱讀的觸角延伸。

二、「幼稚園 101 本好書」計畫

教育部為推動全國兒童閱讀計畫及相關幼教政策，專案規劃「幼稚園 101 本好書」計畫，擬送書至全國各直轄市及縣市公立及已立案私立幼稚園，以充實幼兒閱讀讀物。「幼稚園 101 本好書」計畫主要是讓幼兒從小接觸閱讀，並養成持之以恆的好習慣，因此，需要藉由教師的教導與鼓勵，讓閱讀潛移默化地豐富幼兒生活環境，並在內在心靈萌芽。

三、國民小學「焦點三百」兒童閱讀運動

（一）計畫緣由

教育部為加強推展兒童閱讀，規劃為期四年（93.7-97.8）的「焦點三百——國民小學兒童閱讀推動計畫」，包括成立推動組織、加強閱讀宣導、挑選焦點學校、送優良讀物給焦點學校、募集人力投入推展閱讀活動、培訓閱讀種子師資、辦理各項閱讀推廣活動等七項實施策略，期能藉由各項閱讀推廣策略的實施，增強兒童的閱讀動機與興趣，進而養成學生閱讀的習慣及提升其閱讀的素養。

（二）計畫要項

1. 成立推動組織。
2. 加強兒童閱讀宣導。
3. 挑選三百所文化資源不足地區之國小為推動閱讀活動的焦點學校。
4. 贈送優良讀物給焦點學校。

5. 募集人力投入推展閱讀活動。

6. 培訓閱讀種子師資。

7. 辦理各項閱讀推廣活動，利用「焦點三百全國兒童閱讀網」，提供閱讀相關活動訊息。

四、「悅讀 101」教育部中小學提升閱讀計畫

（一）實施理念

1. 知識經濟

面對知識經濟時代，透過閱讀深耕協助學生有效知識管理。本計畫將協助學生掌握創意的精髓與科技的應用和閱讀關係，隨著知識經濟發展脈絡，邁向人生的高峰。

2. 自我學習

透過自我學習增進知能，培養學生的閱讀習慣與能力，充分運用課餘及寒暑假的時間，經由自我學習厚實其關鍵能力。

3. 整合發展

閱讀活動的深耕需要多方資源與人力的整合，本計畫由政府主導，結合圖書館、學校、家庭、企業、媒體、社區等各種力量，相互呼應，閱讀風氣才能全面推廣，長久生根。

4. 啟蒙閱讀

及早閱讀對學童之發展有利（但不可揠苗助長，應依其發展階段運用適當方法），儘管學校極力推動閱讀活動，仍需家庭之配合與共同推動始能奏效。本計畫積極推動家庭閱讀教育，並由幼稚園、國小及國中基礎閱讀做起，透過啟蒙閱讀教育培養學生閱讀關鍵能力。

5. 書香社會

本計畫由國民中小學推動閱讀活動，向下扎根閱讀教育，鼓勵學校與家庭攜手共同培養孩子的閱讀能力與習慣，進而影響未來公民的閱讀風氣，建

立充滿書香的社會文化。

（二）實施目標

1. 培養兒童閱讀習慣，使其融入學習及生活脈絡中。

2. 啓動閱讀交流，分享閱讀教學策略，提升閱讀教學知能。

3. 鼓勵家長積極參與親子共讀活動，增進親子互動關係。

4. 結合資訊網絡，進行知識共享，增進閱讀的廣度。

5. 營造豐富的閱讀環境，奠定終生學習的基本能力。

（三）實施對象及時間

以全國國民中小學（含幼稚園）爲推廣對象，從九十七學年度起。

（四）實施原則

閱讀是學生日常生活的一部分，應引導孩子從日常生活中發現讀書的樂趣，進而成爲個人的習慣。爲達成上述目的，擬定下列原則作爲推動的依據：

1. **興趣原則**

以循序漸進的方式，配合學生學習心理，提供適合學生閱讀的圖書以及指導策略，逐步引導孩子進入書香世界。

2. **專業原則**

規劃多元的教師精進閱讀指導專業能力的研修活動，增進教師閱讀教學能力，有效提升閱讀指導品質。

3. **多元原則**

鼓舞各校能夠依據學生條件之不同以及學校整體條件之差異，規劃不同的閱讀活動，讓每一個孩子都可以得到適合自己的閱讀方法，找尋到屬於孩子自己的閱讀天空。

4. **激勵原則**

學生需要鼓勵，教師需要鼓勵，學校及家長亦需要帶動，因此，我們將鼓勵有熱忱、肯用心在閱讀活動的學校及個人，透過他們發揮典範作用，進而帶動整體國人閱讀能力之提升。

5. 統整原則

整合中央、縣市、學校、教師組織、各社區及教師個人之各項資源，共同致力於本計畫之推動，提升學生閱讀理解能力。

6. 普遍原則

重視閱讀內容之質與量，發展全方位的閱讀，參與對象包括學生、教師、行政人員及家長，全員一同參與，提升閱讀風氣。

（五）實施策略與工作要項

1. 成立推動組織。

2. 整合多元資源。

3. 建構優質環境，充實國中小圖書及圖書設備。

4. 規劃閱讀研究。

5. 精進閱讀教學。

6. 表彰績優學校與人員。

7. 鼓勵學校及幼稚園推動家庭閱讀。

8. 持續推動弱勢學校閱讀計畫。

9. 建置閱讀網路。

10. 強化宣導活動。

（六）預期效益

本計畫之落實執行，預期可以獲致下列各項效益：

1. 量的效益

(1) 選出一百二十所閱讀績優典範學校。

(2) 招募培養二十個故事爸媽團體。

(3) 產出閱讀之基礎研究、行動研究達二十篇。

(4) 辦理全國閱讀高峰會四場。

(5) 充實國中小學圖書達 3,387 所。

(6) 培訓初階種子師資達一千位。

(7) 研編延伸閱讀補充教材達四全套。

(8) 徵選增進閱讀策略教案達一百個案。

(9) 辦理校長閱讀策略推廣研習，每縣市每年一場。

2. 質的效益

(1) 學生能養成每日閱讀之習慣，並提高閱讀綜合能力。

(2) 教師能具備有效的閱讀指導專業，以及激發學生對閱讀之熱忱。

(3) 學校能以推動閱讀為核心價值，並尋求策略與資源，並以成為閱讀標竿為榮。

(4) 縣市政府能將推動閱讀視為責任及重點工作。

(5) 學校的圖書資源能有基本以上的充實，並充分獲得運用。

(6) 閱讀基本研究及行動研究能有豐富產出，在地的閱讀經驗能夠生根。

(7) 親子閱讀及家庭閱讀能成為社會共識與風潮。

(8) 閱讀不利學生能獲得積極性資源協助，提升閱讀整體效能。

　　透過上述的閱讀活動推展，可以看出我國教育行政單位，對於閱讀活動的重視，希望透過各種方案計畫的擬定與實施，強化學生在閱讀方面的能力，透過各種計畫，提升學生的閱讀理解與閱讀能力。

【焦點概念】 國際閱讀理解評量計畫

筆記欄

27 學習動機

　　學習動機一般指的是，學習者引起學習活動、維持該學習活動，並使學習者達成學習目標的內在心理歷程。而英語學習動機是指學生在英語領域學習過程中，引起、維持學習活動，並使學習者達成學習活動目標的內在心理歷程（吳佩錦，2010）。

一、學習動機的定義

　　學習動機是影響學習成就的重要關鍵，教師如果想要提升學生的學習成就，就必須先瞭解學習動機的意義。有關學習動機的意義，相當多的教育文獻提出不同的觀點。例如，張春興（1994）認為，動機是一種促使個體進行各種行為的內在動力，是引起個體活動，維持已引起的活動，並導致該活動朝向某一目標的內在歷程。李咏吟、單文經（1997）將動機視為隱藏在個體內部的力量或對目標的迎拒力，引起個體的緊張狀態，驅使個體做某種行為。Gerrig 與 Zimbardo 將動機定義為對啟動、引導及維持身體活動和心理活動之所有歷程的統稱（游恆山編譯，1999）。Brown（2001）認為，動機是個人學習動力的強烈程度。

　　綜上所述，動機是個體為了引起某個活動、維持該活動，並使個體達成目標的內在心理歷程。而學習動機是學習者引起學習活動、維持該學習活動，並使學習者達成學習目標的內在心理歷程。因此，就教學活動而言，若教師希望學生能完成學習活動，瞭解學生是否有動機，以及激勵學生的動機是必要的（吳佩錦，2010）。

二、心理取向的學習動機理論

探討動機的主要理論，以心理學的相關理論爲主。有關學習動機理論，簡要說明如下（吳佩錦，2010）：

（一）行爲主義的學習動機理論

行爲主義的學者認爲，若教學者希望能促進學習者的學習動機，則必須在學生表現適宜後，立刻給予學習者急於獲得的增強物。

（二）人本主義的學習動機理論

人本主義的學者將學習動機視爲人類發展的內在動力，因此，人本主義學者強調內在動機的重要（張春興，1994）。人本主義的學者認爲動機是一種需求，視爲追求需求滿足或創造需求滿足機會的動力（李咏吟，2001）。人本主義心理學之父 Maslow 的需求層次論，將人類需求由低至高分爲七個層次，依序爲生理需求、安全需求、愛與隸屬需求、自尊需求、知的需求、美的需求及自我實現需求。

（三）認知主義的學習動機理論

認知主義的學習動機理論重視個體的中介歷程，認爲學習動機是介於環境與個人行爲的一個中介歷程（張春興，1994），學習者所想的、所信的、所期望的會影響學習者的行爲（李咏吟，1997）。

（四）社會學習主義的學習動機理論

社會學習主義的學習動機理論統合了行爲學派與認知心理學派，受到行爲主義學家重視行爲結果與認知心理學家重視個體信念的影響。社會認知學派心理學家 Bandura 強調，學習是環境、個人因素及行爲三種層面的互動（吳幸宜，1994）。

不管各學派對於學習動機的理論有何差異，共同之處都是動機對學習的重要性。學習動機在心理學上的定義是引起個體學習活動，維持該學習活動，並使該學習活動朝向某學習目標的內在心理歷程。

三、學習動機的內涵

在學習動機方面，以英語學科的學習為例，在英語學習動機的內涵方面，英語學習動機的分類為：(1) 工具性動機（instrumental motivation）與融合性動機（integrative motivation）；(2) 內在動機（intrinsic motivation）與外在動機（extrinsic motivation）；(3) 普遍型學習動機（general motivation to learn）與偏重型學習動機（specific motivation to learn）；(4) 原級動機（primary motivation）與次級動機（secondary motivation）。

（一）工具性動機與融合性動機

工具性動機指的是學習語言的目的是為了獲得利益價值，例如，求得職業、升官、賺錢、在學校考試得高分等；而融合性動機則指學習者學習語言的目的是渴望成為所學語言團體的一分子，希望被使用此語言的人接納與認同，學習者通常會對使用該語言的國家的政治經濟、文化風俗較感興趣（吳美齡，2006）。

（二）內在動機與外在動機

此種分類是由 Dcei 與 Ryan 提出，內在動機是所有動機中，自主性最強的，它指的是個人內在驅力，如個人興趣、滿足，而迫使個體表現各種活動，具有此類學習動機的學習者的學習會較長久；外在動機指外在事物具有誘因，個體認為從事各種活動能夠獲得某些他希望得到的事物，如讚賞、獎狀等獎勵方式，若外在誘因消失時，學習者的學習動機可能減弱、甚至消失（吳佩錦，2010）。

（三）普遍型學習動機與偏重型學習動機

擁有普遍型學習動機的學習者，對於所有的學習活動都有學習動機；擁有偏重型學習動機的學習者，則只對某些學科有學習動機（張春興，1994）。

（四）原級動機與次級動機

原級動機即為內在學習目的而學，例如，求知、成長；次級動機即為外在表現目的而學，例如，求高分、得到讚許（吳佩錦，2010）。

四、學習動機的應用

英語學習動機大致可分為內在及外在兩種層面，擁有融合性動機、內在動機或原級動機的學習者，大多是因為個人對於英語或使用英語的國家文化感興趣，而激勵自己學習。而工具性動機、外在動機或次級動機的學習者，則是因為學習而帶來的外在誘因，誘使學習者為了得到酬賞而學習。相關的研究顯示，動機會直接影響學習者使用語言學習策略的頻率，因此，若教師能瞭解學習者的學習動機，並適當的引導學生，則能提高學習者的學習成就。因此，動機在語言學習上扮演十分重要的角色，為了提高學習者的學習成就，就必須瞭解學習者的動機（吳佩錦，2010）。

學習動機的主要關鍵在於學習者內在的驅力、意念等方面，有助於對學習的參與。教育工作者想要激發學習者的學習興趣，必須先從學習動機的瞭解開始。

【焦點概念】內外在學習動機

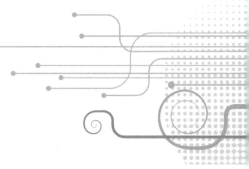

28 學習理論

Thorndike 指出：「人類改變自我的力量，亦即學習，可能是自身中最深刻動人的一件事。」人類具有的學習能力是有別於其他生物的一項重要特質，也是人類歷史、文化的造就動力。個體透過學習，能成就明天比今天更美好的可能（蔡惠雅，2012）。

一、學習的定義

學習的定義，不同文獻有不同的詮釋。例如，林進材（1999）認為，學習是經由個體經驗或練習所造成的改變，包括訊息與知識、習慣與技能，以及信念與態度方面的獲得。黃政傑（2001）整理相關學習論對學習的定義：(1) 行為論：將學習定義為個體在活動中改變其行為的過程；(2) 認知學習論：將學習定義為個體經對事物的認識、理解、辨別後，獲得新知識的過程；(3) 互動學習論：將學習定義為與外在環境互動後，所產生行為上的模仿或認知改變的過程。

二、學習理論

探討學習的理論，一般分成六個重要的理論，簡要說明如下：

（一）行為學派學習理論

行為主義學派的學習理論，主要探討影響個體並且可能導致行為的制約，以及單純的行為本身解釋學習歷程。行為主義學習論依據對動物的相關實驗，建立「刺激—反應」連結關係的操作制約學習理論，用來解釋人類學

歷史大事年表

約1913	約1950
行為學派學習理論	認知學派學習理論

習歷程和獲得經驗的學習歷程。行為學派對學習產生的觀點，包括：(1) 行為的基礎是由個體的反應所構成；(2) 個體的行為是受到環境因素的影響而被動學習而來，不是與生俱來的或是受到遺傳因素的影響；(3) 從動物實驗的研究所得之行為原則，可用來推論或解釋一般人的同類行為。

（二）認知學派學習理論

認知學習理論（cognitive learning）建立在「人如何求知」的理念上，對行為主義連結式學習的反動，將學習觀點從外顯行為的塑造轉為對內在歷程的解釋，視學習為個體對事物經由認識、辨別、理解，在既有的知識基模上獲得新知識的歷程，從而擴大自己的認知結構（cognitive structure）。因此，學習是個體因經驗所產生相當重要的心理連結改變，是內隱且難以觀察的，亦是主動、內發性的、整體的（張春興，2009）。

認知心理學對個體的學習反應，主要的論點包括：(1) 新情境與舊經驗相符合的程度；(2) 新舊經驗的結合並重組；(3) 學習並非是零碎經驗的增加，而是以舊經驗為基礎在學習情境中吸收新經驗。學習的認知觀認為，人是訊息的主動處理者，啟導經驗以進行學習，蒐集訊息以解決問題，確認所知以完成學習，並非被動的接受環境影響，而是主動的歷程。

（三）折衷主義學習理論

折衷主義學習論認為，人類學習的產生是行為與認知的綜合體，而非單一形成的（林進材，2009）。折衷主義的學習理論主張，學習是個體行為與認知方面交互作用而成的，折衷主義的學習以位置引導個體進行有意義的學習，將慾望或預期作為一種學習中的重要中介變量，強調其對學習所產生的作用。其次，在學習歷程中，折衷主義強調潛在學習與訊號學習理論。個體的學習受到動機與驅力的影響，剝奪與誘因動機策略的運用，對學習具有正面的意義。

（四）互動學習理論

互動學習主張個體的學習除了受到外在環境之影響，個體內的認知亦是

一項重要的指標。互動學習論認為，學習活動是由學習者的行為、心理歷程及外在環境互相形成的，透過個體內在的心理作用和外在環境的刺激互動，才能產生有意義的認知的學習活動。

互動學習理論者以班度拉（Bandura）的社會學習論和蓋聶的學習條件論為主。班度拉主張學習的產生是由學習者在社會情境中，經由觀察他人行為表現方式，以及行為後果間接得到的。互動學習論對於學習形成的主張，包括：(1) 是一種使個體成為有能力社會成員的機制，學習使人獲得技能、知識、態度和價值產生的能力；(2) 學習結果是由人類環境中的刺激和學習者的認知歷程所習得。互動學習理論強調有效學習的策略，必須提供有意義和認知的學習活動，引導學習者觀摩示範者的正向行為與表現，內化成為學習的成果（林進材，2009）。

（五）人本主義學習理論

人本主義學習論（humanistic learning theory）反對以動物實驗所得的結果原則，用來解釋人類的學習行為，認為瞭解人的學習就必須研究人。其理論觀點多半是根據經驗法則所提出的，與行為學習理論、認知學習理論相比，走出實驗室與科學驗證，不僅限於對零碎行為或語文學習的解釋，而是將學習範圍擴大至學習者本身（黃政傑，2001；張春興，2009）。人本主義學習論以為個體的學習是受自我經驗所引導的，若學習者對教材無所感受，則學習不易發生。因此，其主要論點為：(1) 注重學習者的個人主觀經驗，並以此為基礎來建立經驗或抽象的知識；(2) 學習者有自我發展的潛能，亦是個人成長的主要動力（陳李綢、郭妙雪，1998）。

人本主義對學習歷程的解釋，關切人類個體性與獨特性，勝於發掘解釋人類反應的一般化原理，以人類本身的情感發展，如自我概念、自我價值、自我實現等為焦點，解釋人類學習行為的形成。

（六）社會學習理論

其學習理論建立在對極端行為主義的修正，將學習情境擴大至自然情境

中，認爲個體的學習是可以經由對他人行爲的模仿、認同、增強等學習方式而來，因此，亦稱爲「觀察學習」（observational learning）。此外，影響個體的學習因素並非僅由環境決定，尚有個人、行爲兩項因素，亦有一說謂爲「三元學習論」（triarchic theory of learning）（陳李綢、郭妙雪，1998；張春興，2009）。

社會學習理論提到在任何時刻裡，影響個體行爲的眾多線索中，莫過於是他人的行爲。因此，強調模仿學習（imitative learning）的社會學習論，認爲個體在社會情境中能透過觀察楷模行爲及其行爲結果，從而習得技能。其立論的基本假設有三：第一、模仿學習的歷程：新反應是個體觀察楷模行爲的組合，包括即時配對（又稱直接學習，instantaneous matching）、延宕配對（又稱間接學習，delayed matching）。第二、學習者與環境的互動關係：不再把強化視爲學習的必要因素，而是個體對環境認知的訊息。所謂的學習，是個人、行爲、環境三因素相互影響決定，因此，亦被稱爲「交互決定論」（reciprocal determination）。第三、學習結果：學習者經由注意（attentional phase）、保留（retention phase）、動作再生（reproduction phase）和動機（motivational phase）後，再適時地表現出觀察學習的楷模行爲（蔡惠雅，2012）。

三、在學習上的應用

學習理論的主張，影響對個體學習活動與學習行爲的解釋。想要提升學習者的學習參與和學習效果，必須透過瞭解學習的形成、影響因素、心理歷程，才能運用相關的學習理論、學習方法、學習策略，幫助一般學習者提升學習動機、學習效能。

【焦點概念】學習理論的應用

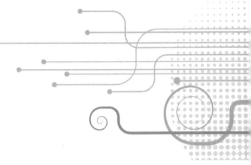

29 繪本教育

一、繪本教育的源起

繪本教育的興起，主要在於繪本教學的實施。繪本教學即為以繪本為教材所實施的教學，而教師在進行繪本教學活動時，首要考量到孩子的需求，為他們選擇適合的主題繪本，透過合宜的教學設計進行引導，以發揮繪本的許多功能，例如，可增進認知、語言學習、提供生活經驗、強化社會適應能力、增加閱讀樂趣。而繪本是一種以「圖畫」和「文字」完美結合的文學作品，透過圖像傳達故事訊息，並與文字巧妙搭配，以表達一個故事或是類似故事主題的圖畫書。

二、繪本的定義

繪本是依據兒童的需求設計而成的一種文學作品，雖然繪本不分老少皆可閱讀，但主要閱讀對象仍為學齡前階段的兒童，內容上以圖為主、文字為輔，甚至一本書整個都是圖且無文字，文字與圖的相襯，詮釋出一共同主題的書。對國小學童而言，文字與圖像巧妙搭配，呈現出動人的故事，是吸引他們喜歡閱讀繪本的原因。圖與文兩者之間具有連貫性且環環相扣，是一種充滿視覺藝術的作品，利用多元的圖畫及文字，共同呈現一個故事或是類似故事主題的書籍，不僅能傳達出圖畫的「弦外之音」，更勾勒出一個共同的故事主軸與情節（莊雅清，2015）。

三、繪本教學的意義

繪本是具有廣泛題材及多元教育價值的閱讀書籍，是跨學科統整最適合的媒介，教師可依據不同的教學目標、學生需求，而找尋適合的繪本進行教學的運用或呈現。一般而言，繪本的使用以語文領域為主要範疇，亦有運用在數學領域、科學教育上。

繪本教學即為以繪本為教材所實施的教學，而教師在進行繪本教學活動時，首要考量到孩子的需求，為他們選擇適合的主題繪本，透過合宜的教學設計進行引導，如此一來，繪本除了能提供孩子學習豐富的語文內涵，其圖像可刺激孩子思考，更能幫助孩子理解故事，得到書中重要的啟示，協助孩子與生活經驗作連結，並運用至實際生活中。所以，教師在進行繪本教學時，應讓孩子成為閱讀的主體，並引領孩子暢遊由精美文字與圖畫巧妙搭配的書香世界之中，期使孩子能體認到繪本之美（莊雅清，2015）。

四、繪本教學的實施方式

繪本教學的實施方式，不同的學者配合不同的學科，提出的方法有所不同。例如，林敏宜（2004）認為教師在進行圖畫書朗讀時，可分成三個階段來進行：

（一）朗讀前

先呈現書本的封面，鼓勵孩子感受封面上的插圖，試著預測故事內容，再與孩子討論作者及繪者，介紹主角、情境內容或主題。

（二）朗讀中

鼓勵孩子反應與評論，並請孩子對故事的發展進行預測，教師偶爾的提問問題，瞭解孩子對故事的理解程度，而當孩子出現疑惑、茫然的表情時，教師應換個方式重新敘述故事。

（三）朗讀後

回憶故事內容，讓孩子表達其感受與想法，並與自己的生活經驗作連結，搭配故事主題內容作相關的教學設計，進行延伸活動。

方淑貞（2010）認為，使用繪本引導孩子進行閱讀、賞析、討論，培養孩子在聽說讀寫方面的語文能力與閱讀興趣，其教學步驟分為四項：

（一）引起動機

即為暖身活動，可透過對書名的解讀、遊戲活動、插圖索引或情境的布置來進行，引起學生的學習興趣與意願。

（二）朗讀圖畫書

教師可採下列五種方式進行朗讀活動，分別為先閱讀書中文字，再欣賞插畫；先欣賞書中插畫，再閱讀文字；圖文一起搭配欣賞；以說故事方式開始，再轉換成前三種閱讀方式，或以多媒體影音方式開始呈現故事內容，再轉換成前三種閱讀方式。

（三）賞析活動

教師對圖畫書的內容及插畫作初步的概覽，引導學生欣賞解析，使學生對故事內容的整體性更為瞭解。

（四）討論活動

主要是能讓學生作深度的閱讀，可透過師生討論或小組討論方式進行，藉由教師的提問激發出不同的想法，也使學生學習與他人分享並尊重他人。

五、繪本教育的發展

繪本教育的發展，配合國內資訊教育融入教學、閱讀計畫的推展等，逐漸受到學校教育人員的重視。由於繪本的故事內容常是反映學生的生活，除了知識的傳遞，更是生活經驗的拓展，讓學生瞭解自我情緒、促進學生自我發展。因此，繪本教育受到學校教育的重視，繪本教學的採用同時受到教師的青睞。

　　蔡淑媖（2001）認為好的繪本，在文字的陳述上必須是精鍊的，圖片擁有說故事的能力，且圖片之間的脈絡必須有跡可循，以使圖文能相輔相成。也就是說，即使讀者不看文字，也能明白故事內容，因此，提出優良的繪本應具備下列的功能：啟發孩子的想像力、使孩子的想像得到滿足、累積孩子的知識能力、讓孩子學習反思自己以更瞭解自己、讓孩子的情緒找到宣洩的出口、能表現孩子的心情感受，引發共鳴。

【焦點概念】繪本教學

30 電腦輔助教學

一、電腦輔助教學的意義

電腦輔助教學（Computer-Assisted Instruction，簡稱 CAI）的發展，是自 1960 年代編序教學與教學機的發明之後才出現的一種教學方法。電腦輔助教學是事先將一些經過縝密設計的教材存入電腦，學生可以經由終端機按一定的步驟，以自己的進度或需要將某一課程內容「寄出」，進行一連串的自我學習。此種學習活動不但可以隨時中止，自動記錄學習歷程及結果，考核學生的學習結果，而且師生亦可以經由電腦達到問答溝通（林進材，2013）。

二、電腦輔助教學的特性

電腦輔助教學的實施，包括三種主要的特性：

（一）電腦可以傳遞任何教材

今日的電腦輔助教學普遍用在任何學科教學中，例如，電腦可以模擬各種實驗情境，協助音樂教師寫譜作曲，協助美術教師從事作品評鑑等，各種教材教法的模擬軟體，皆可解決各種教學設備不足的遺憾。

（二）學習者隨時和電腦溝通

電腦輔助教學可以克服教學者因為過度疲勞而消耗體力的限制，教材軟體的設計，可以表現出交談式的教學過程。學習者可以透過網路進行溝通、蒐集查詢資訊、吸收獲取新資訊，還可以利用網路進行各種合作學習，提供

歷史大事年表

1958	1965	1970
CAI 發展初期階段，如 PLATO 系統	研究規模擴大	規模擴大時期，IBM 1500 教學系統的提出

學生更彈性、更自主及更多元的學習機會。

（三）適合個別化學習

電腦輔助教學的設計可以讓學習者自行決定學習的進度，所呈現的教材內容可以隨學習者的學習狀況和反應而改變，以配合個別的學習者。因此，電腦輔助教學對異質性比較高的班級學生而言，可以發揮個別化學習的特性，讓學習者自行決定學習進度。

三、電腦輔助教學的相關理論

電腦輔助教學的發展，主要目的在於適應學習者的個性，以發展個人的潛能，強調個別化學習的重要性。因此，該方法奠基於下列幾個理論之上：

（一）教育工學的需要

電腦輔助教學的運用，來自教學機的發明和設計，希望透過教學工具提高教學的效果，讓教師在教學活動的進行中，由傳統的方式，導進教育機械化的時代。

（二）編序教學法

編序教學法的概念是將教材內容詳加分析，分成很多小單元，在單元之間理出它們的邏輯關係並加以組織。教材內容的安排由簡而繁，由淺而深，依順序安排，達到預定的教學目標。電腦輔助教學的實施，理論和內容源自於編序教學法的做法，讓學習者在電腦操作中，完成預定的學習目標。

（三）連結理論

連結理論認為學習的產生，適宜於刺激與反應的不斷出現，伴隨強化作用而成功的。電腦輔助教學運用連結理論而發展出教導式與練習模式的教學，在教學過程中提供增強而達到學習目標。

（四）認知理論

認知理論認為學習的產生不僅是刺激與反應的連結，而是學習者對學習環境的認知。認知學習理論的學習模式，強調個體的學習和訊息處理模式一

樣，學習的完成包括注意力、選擇性知覺、練習、語意重組、反映組織、回饋、實際的處理控制等程序。

（五）社會學習理論

社會學習理論主要源自於班度拉主張，人類的學習是由社會狀況中發展出來的，學習是由觀察人的反應後，試圖去模仿相似的反應模式，而達成學習效果。

四、電腦輔助教學的類型

電腦輔助教學的發展，因為奠基於不同的學習理論之上，在教學過程中，教材的性質、編排、目的、方法不同，所發展出來的教學模式也有差異。一般而言，電腦輔助教學的類型，大約有五種方式，簡要說明如下（林進材，2013）：

（一）練習模式

練習模式是教師將學生所要學習的各種重要概念、名詞、技能、問題解決，作為學習需求上的安排。由電腦將各種訊息，轉換成電腦相關語言，呈現在學生的面前，讓學生透過不斷的反覆練習，達到學習的目標。學習者可以透過面對電腦做出學習反應，電腦提供學習者即時的回饋與增強作用，讓學習者隨時得到立即性的回饋，修正自己的學習。

（二）家教模式

電腦輔助教學的家教模式，又稱之為個別指導模式。教師將學生的學習內容，轉換成電腦軟體，提供學生個別指導，教師與學生的溝通僅限於電腦和學習者之間。此種溝通模式通常以特定的小段教材，以問題形式，讓學生面對電腦從事學習，並回答相關問題，電腦軟體中隨時依據學生的反應，讓學生隨時得以自行選擇需要的學習內容。家教模式的教學不但讓學生可以隨時決定學習時機，也可以適應學生的個別差異。

（三）遊戲模式

遊戲的教學模式是教師將學生需要學習的內容，以各種有趣的遊戲和比賽的方式呈現，提高學生的學習興趣。學生從遊戲中完成學習目標，在無壓力的情境之下，學習效果較佳。在此種教學模式中，教師的主要職責是設計遊戲的規則，指導學生遊戲的過程。學生從電腦遊戲中，熟悉各種原理原則，學習各種經驗和事實。

（四）模擬模式

模擬模式是一種學生面對電腦中所出現的模擬實務或情境，提出因應對策的教學方法。此種模式主要提供學生在面對各種情境時，思考因應行為，以形塑實際的生活經驗。教師在此模式中，必須將生活中的真實情境濃縮或模擬成電腦軟體，讓學習者透過電腦模擬情境從中學習，增加生活方面的經驗。

（五）發現模式

發現模式是由電腦呈現問題而要求學生解決的教學模式，又稱之為探究模式（inquiry model）。由學生在面對電腦時，用嘗試錯誤和歸納的方式向電腦提出詢問，由電腦資料庫中讀取資料，作為解決問題的參考。因此，教師必須花一些時間在電腦資料的儲存方面，學生才能從電腦中隨時讀取豐富的訊息，以輔助學習活動。

五、電腦輔助教學的評論

電腦輔助教學的實施，主要在於延伸人類心智方面的能力，透過電腦記憶量大的特質，協助教師完成教學目標。電腦輔助教學對教師的教學行為與學生的學習活動，可以發揮教育效益。雖然如此，電腦輔助教學的實施，仍有學理方面的質疑。

（一）優點

電腦輔助教學實施的優點，一般包括有效提升學習成就、運用感官刺

激、適應個別差異、充分的回饋訊息、完整的學習歷程等方面,對於學生的學習有正面積極的意義。

（二）限制

電腦輔助教學的實施,雖然有助於降低教師教學的負擔,提升學生的學習效能;然而,電腦輔助教學被質疑的地方,包括師生關係的質疑、缺乏專責組織和人才、教學方法缺乏深厚的理論基礎、缺乏正確的認知、研究發展上的不足等方面,都需要未來在實施電腦輔助教學時的參考。

筆記欄

31 新移民現象

一、新移民、新現象

依據內政部外來人口居留人數（2014）顯示，其他地區來臺居留人數於2012年已達到586,646人。而依內政部統計年報國籍之歸化取得人數之資料（2014）針對歸化及居留臺灣的人口統計，歸化的人口數量變化及成因（如表31-1）。在歸化成因方面，以成為國人之配偶為主要原因，其中以女性居多。由此可知，外籍人士歸化來臺以婚嫁居住為首要主因。因此，從新移民變成為新住民的過程中，往往形成各種適應方面的問題，其內容包括生活適應、學習適應、社會適應、文化適應等，亟需國內學術單位與行政單位的重視。

表31-1　2003-2013近十年國籍之歸化取得人數及成因

年分	總數	男	女	性別比	為國人之配偶（%）
2003	1465	54	1411	3.8%	1360（92.8%）
2004	6552	111	6441	1.7%	6438（98.2%）
2005	11303	112	11190	1%	11220（99.2%）
2006	11973	72	11901	0.6%	11879（99.2%）
2007	10764	94	10670	0.88%	10600（98.5%）
2008	13230	149	13081	1.13%	12983（98.1%）
2009	9853	188	9665	1.95%	9576（97.2%）

年分	總數	男	女	性別比	為國人之配偶（%）
2010	7692	171	7521	2.27%	7421（96.5%）
2011	5923	139	5784	2.47%	5662（95.6%）
2012	5597	182	5415	3.36%	5310（94.9%）
2013	5004	199	4825	3.7%	4719（92.3%）

資料來源：內政部（2014a）。內政統計年報。二、戶政。06. 國籍之歸化取得人數 http://sowf.moi.gov.tw/stat/year/list.htm

　　然而，新移民的加入，就像是為臺灣注入新的生命、新的景象。雖然膚色不同、文字不同、語言不同，但是對於臺灣這塊土地的生命，則注入了更為豐富的色彩，讓臺灣的生命力更為活化與多樣性，在充滿人情味的寶島上，增添了更為國際化的聲音。

二、新移民、新學習

　　新移民來到寶島臺灣，面對新環境的刺激，在短時間內有新鮮感，但在長時間的居住之後，往往開始產生與原母國的生活環境、語言溝通、日常習慣、法律認知、宗教信仰、婚姻適應等皆有相當大的差異，其適應之問題也開始一一浮現。較常出現之適應問題包括有：(1) 生活適應問題；(2) 技能學習問題；(3) 語言學習問題；(4) 法令學習問題；(5) 多元文化等相關適應問題。由於新移民歸化為本國籍者，普遍是以女性為主，以婚配為因，所產生之問題大部分也與婚姻和家庭教育有關係，因此在適應學習上也以此為主要方向。

　　在新移民的協助與輔導方面，以臺南市政府民政局、教育局、社會局合辦之「外籍配偶生活適應輔導教育班（電腦培訓）」為例，受益人數共有 465 人，對親職教育電腦培訓課程的成效，該外籍配偶受益良多；而由臺南市政府衛生局所開辦之「新移民婦幼健康計畫」於三十一個鄉鎮辦理婦

幼健康講座含醫療補助親子相處等課程，以及趣味活動、問答的參與和親身體驗，使新移民更快樂的融入臺灣在地生活，其受益人數更高達有一千三百人；而由臺南市政府勞工局所印製的諮詢服務手冊兩千本，使外籍配偶瞭解各項服務法令及窗口與聯絡方式（內政部入出國及移民署，2013b）。

此外，臺南市政府家庭教育中心（2014）也針對新移民家庭教育辦理活動，包括有：(1) 親職教育（親職講座、親子共學等）；(2) 新移民婚姻教育（夫妻成長團體、工作坊等）；(3) 多元文化教育（影片賞析及討論、異國美食饗宴等增能課程）。除此之外，在臺南還設置有三處新移民學習中心據點，包括：(1) 北區：大港國小；(2) 仁德區：依仁國小；(3) 學甲區：東陽國小，提供新移民家庭教育活動、多元文化學習課程、技能輔導課程、人文藝術特色活動、培力增能課程、政策宣導等（臺南市政府家庭教育中心，2014）。而臺南市分別有三處新移民家庭服務中心，分別在新營區：第 1 新移民家庭服務中心（臺南市新營區民權路 61 號 3 樓）；東區：第 2 新移民家庭服務中心（臺南市東區勝利路 85 號 3 樓）；六甲區：第 3 新移民家庭服務中心（臺南市六甲區中正路 255 號）（內政部、教育部，2013）。

綜上所述，對於新移民加入臺灣生活圈，相關部門不遺餘力地透過各種經費補助、活動辦理、理念宣導等方式，希望可以引導新移民融入臺灣的生活圈中。對於新移民的生活輔導，能有效提供支持性與系統性的幫助。

三、新住民、新家庭

內政部（2014c）依「出生數按生母原屬國籍分」之資料顯示出，目標臺灣地區之生母原屬國籍中，約有 10% 左右的新生命來自於非本國籍的母親所生育（表 31-2）。這群新住民在臺灣落地生根成立新家庭，孕育出新生命，成為新臺灣之子。無論在教育方面及權利與義務等方面，都與我們共享社會福利及擁有相同的權利與應盡的義務。

表 31-2　總出生人口數與國籍比

年分	總出生人口	本國籍（%）	大陸港澳籍（%）	外國籍（%）
2004	216,419	187,753（86.75%）	11,206（5.18%）	17,460（8.07%）
2005	205,854	179,345（87.12%）	10,022（4.87%）	16,487（8.01%）
2006	204,459	180,556（88.31%）	10,423（5.10%）	13,480（6.59%）
2007	204,414	183,509（89.77%）	10,117（4.95%）	10,788（5.28%）
2008	198,733	179,647（90.40%）	9,834（4.95%）	9,252（4.66%）
2009	191,310	174,698（91.32%）	8,871（4.64%）	7,741（4.05%）
2010	166,886	152,363（91.30%）	8,185（4.90%）	6,338（3.80%）
2011	196,627	181,230（92.17%）	8,937（4.55%）	6,460（3.29%）
2012	229,481	212,186（92.46%）	10,056（4.38%）	7,239（3.15%）
2013	199,113	185,194（93.01%）	8,035（4.04%）	5,884（2.96%）

資料來源：內政部（2014c）。內政統計年報。出生數按生母原屬國籍分 http://statis.moi. gov.tw/micst/stmain.jsp?sys=100

　　但是，新移民的女性來臺後，除了要克服語言隔閡與認知差異，婚姻、家庭的適應，還要負起教養下一代的責任（臺南市政府家庭教育中心，2014）。從新移民子女就讀國中生人數可以得知，臺南市新移民子女的就學人數是占全國新移民子女就讀國中生人數約近 7%，呈現持續且穩定性的成長中。對於新移民女性及其子女方面的協助，也應該針對人口成長的現象，提供即時性與持續性的幫助，透過新移民輔導永續性的經營方式，讓新移民對於新的生活適應不至於感到惶恐、焦慮，提供新移民穩定性與保障性的支持。

　　內政部入出國移民署（2013a）在《新移民母國學歷認證之研究》（未出版）中指出，這些新移民而進入家庭的女性，對於取得學之目的，其中「教小孩」占 24.9%，接近四分之一。研究中表示，新移民女性在瞭解教育對子女成長所扮演的重要角色；對於進修管道方面，以「聽朋友說（49.3%）」、

「小孩的老師（23.3%）」占了近四分之三，也顯示出新移民女性在教養小孩與學校之間的關係是相當密切的。同時也藉由這樣的溝通管道，進一步對於自我學習成長有新的學習。

四、新住民、新天地

新移民或是新住民，他們在地生根地認同臺灣是他們第二個母國。當你漫步鳳凰樹古城的臺南府都，卻聽到來自異國的歡迎之聲「三碗豬腳（臺語發音）（泰語）」，那正是泰國新移民在對你說歡迎的意思，語意充滿尊敬與親切的誠心；或是「啊娜哈西喲（韓語）」，代表著韓國新移民對你說歡迎；或是走進小吃店，看到的是越南河粉料理，你可別以為走錯城市，沒錯，這就是臺灣，一個尊重多元族群、重視「同中求異、異中求同」的地方。

新住民由於各種因素與需求，遠從自己的國家、生長的地方、孕育的世界，投入臺灣這個溫馨的大環境，在短時間難免遇到生活適應、社會適應、文化適應等方面的問題。然而，臺灣的階層行政單位都樂意為新住民的加入，擬定各種積極有效的策略，作為歡迎新住民加入的歡迎曲，並且將新住民視為自己的兒女、自己的家人般溫馨的呵護。

臺灣人民張開雙臂，歡迎來自全世界不同的民族，到臺灣享受臺灣的自由民主與社會化的進步，對於新移民而言，臺灣是最好的移民地；對於新住民而言，臺灣將是最幸福美好的居住地。臺灣最美的是熱情的人心，燦爛的笑容，便利的交通，安全的環境及無可取代的美食天堂。臺灣人的包容與生命力，隨時歡迎全世界的新住民，來到臺灣這片新天地。

【焦點概念】 新移民現象

筆記欄

32 課程統整

一、課程統整的意義

　　吳清山及林天佑（2000）認為，課程統整（curriculum integration）係指針對學生學習內容加以有效的組織與連貫，打破現有學科內容的界限，讓學生獲得較為深入與完整的知識。Simanu-Klutz（1997）指稱的課程統整，係指不同的學科知識的融合（fusion），採取不同的世界觀、策略與資源的教學策略，其目的在於使教學觸及真實生活問題解決與批判思考。黃譯瑩（1998）則認為，「課程」就是連結，「統整」即建立連結、聯繫、關聯，並進而完整化或更新；如果以「課程統整」為一種動態、運作或行動，則「統整課程」可以說是這種動態、運作或行動所呈現的各種結構、層次或圖像。

　　歐用生則自 Beane 的觀點出發，指出「課程統整」不只是重新安排學習計畫的方法而已，而是一種課程設計的理論，包括學校日的、學習本質、知識的組織和使用、教育的意義等觀點；簡言之，它包含經驗的統整、社會的統整、知識的統整，以及課程設計的統整等四個層面（歐用生，1999）。

　　由上述不同學者的意見，可以瞭解課程統整涉及不同層次的意義，可依其內容組織部分來檢視課程之分合問題，也可由學習者學習經驗部分加以定義。簡言之，不論採用合科、學科關聯或其他連結方式，只要將課程重新組織，避免學科分立現象者，即可稱之為課程統整。然而，課程統整不僅僅是課程內容重組的問題，如果僅強調教材層次的課程組織，則對教師教學與學生的學習本質，並未能有典範式的改變與轉移，因此，課程統整應該強調學

生生活關聯，以學生的經驗為起點，促使學習經驗意義化，進而解決問題，甚至藉由師生共同設計歷程，達到學校與社會的民主化理想。

二、有效課程統整原則

　　課程統整固然在教學上有許多優點，例如，避免教師因為學科限制而影響教學時間的利用；透過概念之間關聯性的理解，讓學生的學習更深入。其次，藉由教學活動，可依學生個人經驗與背景為起點，透過分享活動，落實個別化教學理想。最後，學生經由真實的學習活動來熟練能力與概念，進一步深化學習內容。不過，統整教學如果未能把握原則，也可能產生下列問題，比如：單元內容過於膚淺，學生學習活動所學習的並非重要的概念及能力；學習內容缺乏意義性；未能培養學生主動學習或者依據學生興趣、背景及特點來統整教學。

　　為改進上述缺失，Barton 和 Smith 提出有效設計課程統整單元的原則如下（Barton & Smith, 2000）：

　　（一）有意義而重要的內容

　　教師首先依據政府及學校課程綱要及學生年級，選擇適當的教學內容；然而，並非盲目地跟隨課程綱要及教學目標，教師仍要配合學生的需要、地區及國家的課程綱要，設計課程目標。換言之，選擇的內容必須是學習目標的重要概念與內容，並要顧及學生認知的意義與生活的關聯性。

　　（二）真實性的活動

　　過去教室內的學習活動往往以管理為務，教師依據課本內容，按既定流程閱讀、問答與學習，而不是有意義的學習活動。如果教師改變教學方式，例如，在科學與數學課程中，由學生訪問家人或同學以獲得相關資料，然後轉換資料成為原則，據以推出結論，並以書面、口述、圖表等方式展示與同學分享，這一過程類似歷史學家與科學家的研究工作——他們平日就在真實世界中蒐集資料，統計分析，然後提出報告分享與公開。

簡言之，所謂真實性的活動，就是把學生的學習歷程視為真實世界中知識獲得與分享的過程，如此，不僅把學習歷程延伸於生活世界，同時學習方式也比較自然。

（三）配合學生需要

套裝課程固然帶給教師方便，不過卻忽略了學生已有的背景、知識與需求。學生的需求每年可能並不相同，例如，在「變遷」的主題中，也許去年關注全國性移民問題，今年可能關注的是個別家族事務。由於學生背景的差異，教師必須一再反問自己，哪些是學生的興趣？哪些是學生的經驗？如此才能由學生舊有的基礎出發，逐漸拓展學習內容與範疇。再如在「尋根」的單元，教師要提醒學生，歷史對他們的意義，然後透過紀錄的比較，再問有無獲得新觀念、觀念有無改變等問題，以期發展學生的認知。

（四）教師中介角色

教師在教學過程中，開頭會比較辛苦，花比較多的時間指導學生。例如一開始，教師必須與學生一起發展主題，指導學生如何蒐集與組織資料；經過一段時間後便會漸入佳境，教師只要扮演協助的角色，瞭解學生先備經驗，據以提供鷹架，協助學生學習。

（五）豐富的資源

為了切合學生需求，教師必須準備許多教學資源，事先要規劃學生可能選擇的主題，並提供適當的資源。例如，教師要瞭解圖書館或網際網路上所擁有的資源，一旦學生無法自行找到適當的資源來滿足主題時，教師應該適時的提供協助。

三、課程統整的發展趨勢

總之，課程統整並非僅僅強調學科內容的組織，更需要將學生的先備經驗、背景與知識納入學習考量，如此方能兼顧學習內容與學習者學習的意義性，達成學習者經驗統整的目標。其次，以學生需要為重心的教學內容設計

及教師居於輔導角色的學習歷程，再加上真實性的活動安排，應能充分實現以學生為中心的教學理想，則達成課程統整的目標是可期的。

透過課程統整來達到教學改進的目標，並不是很新的想法，雖然可以追溯到十九世紀，不過杜威的課程改革，算是一個比較重要的起點。杜威強調以兒童為中心的學習方式，正是課程統整的關鍵。總之，課程統整不僅是課程內容的重組，更重要的是以學生為中心教學新典範的轉移，因此，教師必須花更多時間，思考課程及教學策略，同時要鼓勵教師合作發展教師專業，改變教師的態度及看法，才能讓教學的新典範得以建立與落實。

【焦點概念】課程統整與學校特色

33 學校本位課程

學校本位課程（school-based curriculum）又稱爲校本課程，主要的意義在於學校透過自己的特色、需求、資源等發展出來的特色課程。一個成功的教育系統被視爲是國家社會在經濟發展當中生存的重要因素（OECD, 2004a），而學校就是國家社會培育人才、發展經濟的搖籃，也是一個國家成爲世界領導地位的先趨指標。一個國家是否能成爲世界強國，取決於這個國家教育系統的運作及發展，而學校本位將是這個發展單位裡最重要的一環。

一、學校本位課程的意義

學校本位，就是以學校層級基準、範圍的運作，可以使課程趨於單純，使運作趨於務實，較能切合學校的實際需要（李錫津，1998）。

校本課程係指以學校的教育理念與學生的需求爲核心，以學校的教育人員爲主體，以學校的情境與資源爲基礎，針對學校課程所進行的規劃、設計、實施與評鑑的過程（薛梨眞，2005）。校本課程發展（School-Based Curriculum Development，簡稱 SBCD）係指由學校教育人員進行學生學習方案之規劃、設計、實施和評鑑（Skilbeck, 1976）。

透過上述有關學校本位課程意義的探討，不難看出學校本位課程指的是透過以學校爲主體，融合學校的各種條件，考慮所有人員的需求，進而發展出來的課程。

歷史大事年表

1998	2000
教育部公布「國民教育階段九年一貫課程總綱綱要」	鼓勵進行「學校課程總體營造」

二、學校本位課程發展的內涵

有關學校本位課程發展的內容,張嘉育(1998: 28-29)綜合了國內外學者(Eggleston, 1980; Walton, 1978; Skilbeck, 1976; OECD, 1979; Marsh et al., 1990;黃政傑,1985)之意見,指出學校本位課程發展的幾項重要意涵有:(1)學校本位課程發展雖以學校為主體,但也重視校內外各種人力、資源的運用整合;(2)採用較為廣義的課程定義,所謂課程為在學校指導下的一切學生經驗;(3)重視課程發展成果,也強調過程中學校社群成員的參與和學習;(4)與「國家、地方、教室層級」的課程發展模式相配合,也使「社會-社區-學校-教師」發展為一種夥伴的關係;(5)重視學校教育人員的自主與專業,將課程研究、發展、實施結合為一體;(6)強調課程的多樣化、地方化、適切性,同時可立即回應社會、社區、學校與學生的需要;(7)有助於課程改革的達成;(8)是一種口號,係指倡議「參與」、「由下而上改革」、「草根式課程發展」;是一項教育哲學,係指師生共同創造學習經驗,建構課程的教育觀點;是一套學校經營技術的改變,係指學校本位課程發展需要組織變革與學校經營等技術。

三、學校本位課程發展的理念

學校本位課程發展隱含了特定的課程觀、教學觀、評量觀及教師角色的改變,因此它主要包含了四個理念:每一位教師都是課程設計者,每一間教室都是課程實驗室,每一所學校都是教育改革中心,課程即是社區(歐用生,2000)。

(一)每一位教師都是課程設計者

學校本位課程發展,教師要扮演更積極的角色,擔負更重要的責任。首先,每一位教師都要享有課程決策權,主要原因如下所述:

1. 教師終日與學生在一起,最瞭解他們的特質與需求。

2. 各種學問上獲得的結論，需要教師在教室中加以檢驗。

3. 教師不是直線型作業上的操作員，不可能完全依照別人的指示去做，要教什麼？如何教？要由教師參與討論，愼思和決定。

4. 教學是一種專業，教師參與課程決策，使教學專業更能自主。

5. 教學是一種道德意涵，因爲教學是一種道德的活動，教師是道德的人物（moral agent），要賦予自由，以採取最好的判斷。

6. 依據市場哲學，教師是最瞭解學生的人，教師能自主地決定教學內容和方法，使產品更適合於消費者的需求（Murphy, 1993）。

（二）每一間教室都是課程實驗室

每一間教室皆是獨特的，每一教室中的教師要將課程計畫加以實驗、驗證、修正，成爲自己的課程和教材。這個概念所賦予我們的是：教室非孤島、同事是團隊分享與學習的觸角再延伸。

在適當的情境中，同事間相互觀摩、共同討論、彼此協助檢視與鼓勵，再經由校外新成員──專業研究者的灌注與合作，結合成夥伴關係，發展教育聯盟、社區意識與同事情誼。因此，教師不能只是教師團體或學科組織的一員，而且是專業社區的一分子，專業的自主性就是以專業社區爲基礎的。

（三）每一所學校都是教育改革中心

由學校本位課程發展的時代意義中提及的革新理念，我們不難察知傳統由上而下的教育改革，實質表徵爲「上有政策，下有對策」，故而學校雖然是基本的教育社區，負有解決課程改革問題之責，亦可能爲發展的重要單位，但長期以來並未看到其肩負起這些重要的角色與責任，甚或有者更成爲教育革新中的極大阻力因素。也就因著學校易淪爲抗拒變革的重要成員，因此將學校提升爲學習型組織、讓教師成爲改革媒介，更是迫在眉睫。

（四）課程即是社區

課程不是一組既成而待協商之物，乃爲教室中師生眞實教育情境中的互動經驗。而課程發展必須透過校長、教師、行政人員、學生、家長和學者、

專家等發展合作慎思的藝術過程。而這個藝術過程乃蘊含了共同敘述、反省和分析發生的事件及其意義；至於慎思原則乃植基於解放的、再建構的學習，這亦是課程發展的一部分。

四、學校本位課程執行的期間

依據中央層級對於彈性課程之安排，校本課程可在中學課程上之執行時間如表 33-1 所示。

表 33-1　校本課程在中學課程之執行時間

節數 年級	學習總節數	領域學習節數	彈性學習節數
七	32-34	28	4-6
八	32-34	28	4-6
九	33-35	30	3-5

資料來源：教育部國民及學前教育署（2003）。97 年國民中小學九年一貫課程綱要。
　　　　　http://www.tpde.edu.tw/ap/sid17_law.aspx

五、學校本位課程執行單位

教育部國民及學前教育署（2003）要求各校應成立「課程發展委員會」，下設「各學習領域課程小組」，於學期上課前完成學校課程計畫之規劃、決定各年級各學習領域學習節數、審查自編教科用書及設計教學主題與教學活動，並負責課程與教學評鑑。

1. 學校課程發展委員會之組成方式，由學校校務會議決定之。

2. 學校課程發展委員會成員應包括學校行政人員代表、年級及領域教師代表、家長及社區代表等，必要時得聘請學者專家列席諮詢。

3. 學校得考量地區特性、學校規模及國中小之連貫性，聯合成立校際之

課程發展委員會。小型學校亦得配合實際需要，合併數個領域小組成爲一個跨領域課程小組。

六、學校本位課程的發展情形

　　教育部國民及學前教育署（2003）明定學校課程發展委員會應充分考量學校條件、社區特性、家長期望、學生需要等相關因素，結合全體教師及社區資源，發展學校本位課程，並審愼規劃全校課程計畫。在學校課程計畫應含各領域課程計畫及彈性學習節數課程計畫，內容包含：「學年／學期學習目標、能力指標、對應能力指標之單元名稱、節數、評量方式、備註」等相關項目。有關性別平等、環境、資訊、家政、人權、生涯發展、海洋等七大議題如何融入各領域課程教學，應於課程計畫中妥善規劃。各校應於學年度開學前，將學校課程計畫送所屬主管教育行政機關備查，若學校確有需要，得於第二學期開學前報請修正調整，並於開學兩週內將班級教學活動之內容與規劃告知家長。各國民中小學應針對學生個別差異，設計選修課程，供不同情況之學生學習不同之課程。而學生選修各類課程，應考量本身學力程度及領域間之均衡性。學校得彈性調整學習領域及教學節數，實施大單元或主題統整式之教學。

筆記欄

34 性別平等教育

　　性別平等教育的概念發展，歷經多年的變遷與改變，不管其名稱的調整，或是實質內容的修正，包括從性教育、兩性教育、兩性平等教育、性別平等教育等方面的改變。直到 2004 年總統正式公布「性別平等教育法」，其目的為促進性別地位之實質平等。至此，「兩性教育」正式更名為「性別平等教育」，與聯合國在 1985 年所舉行之第三屆世界婦女大會中首次提到「性別主流化」（gender mainstreaming）的概念接軌。

一、性別平等教育在學校教育上的意涵

（一）源起

　　依據教育部國民教育司（2011）公布「國民中小學九年一貫課程綱要重大議題（性別平等教育）修正草案對照表」中指出，1996 年起，行政院教育改革審議委員會率先主張將性別平等教育注入教改理念，以落實性別平等教育。1997 年頒布「性侵害犯罪防治法」，明訂中小學課程需實施兩性平等教育相關課程。1998 年教育部於「國民中小學九年一貫課程暫行綱要」中，將兩性教育列為重大議題。2001 年的「國民中小學九年一貫課程綱要」中明列「兩性教育」為重大議題之一。2004 年總統正式公布「性別平等教育法」，其目的為促進性別地位之實質平等。至此，「兩性教育」正式更名為「性別平等教育」。2005 年教育部著手修訂九年一貫性別議題課程綱要，初步確認其核心內涵包括：(1) 性別的成長與發展；(2) 性別的關係與互動；(3) 性別角色的學習與突破；(4) 多元文化社會中性別平等；(5) 性別權益相關議

歷史大事年表

1996	1997
行政院教育改革審議委員會將「性別平等教育」納入教改	頒布「性侵害犯罪防治法」

題等。而在 2008 年公布之「國民中小學九年一貫課程綱要重大議題（性別平等教育）」，則加入了「性別認同」在主要概念中（林香河，2012）。

（二）意義

性別教育乃在協助個體對不同性別的生理與心理發展，具有正確的認識且對性別角色社會化有所瞭解，並能學習尊重其他個體以及與異性的相處之道。陳育菁（2009）整理多位學者（莊明貞、蔡培村、謝臥龍等）之觀點指出，性別平等教育之意義有：(1) 性別平等是機會均等的教育；(2) 性別平等教育是適性發展的教育；(3) 性別平等教育是多元文化的教育；(4) 性別平等教育是全人的教育。教育部國民教育司在 2011 年公布「國民中小學九年一貫課程綱要重大議題（性別平等教育）修正草案對照表」中明白指出，性別平等教育（gender equity education），就是希望透過「教育」的歷程和方法，使不同性別或性傾向者在公平的立足點上，不因生理、心理、社會及文化上的性別因素而受到限制，並藉由此教育使得社會中達至實質之平等，並打造性別平等之多元社會。

二、性別平等教育在推動上之基本理念

教育部國民教育司在 2011 年公布「國民中小學九年一貫課程綱要重大議題（性別平等教育）修正草案對照表」中明白指出，所謂「性別」（gender），其意為由生理的性所衍生的差異，包括社會制度與文化所建構出的性別概念；而「平等」（equity），除了維護人性的基本尊嚴之外，更謀求建立公平與良性的社會對待。

因此，在教育政策推動之基本理念，則是希望個人透過與不同性別者的互動而進行角色的學習，更進一步在多元文化社會中，接納自己與他人的不同，培養自尊與自信的生活態度和價值觀。

在學校教育推動上之基本理念，則是希望消除性別上的偏見、歧視、刻板印象，更進一步批判社會建構之性別不平等現況來促進族群和諧共處。因

此，當學校發展本位課程之際，希冀透過各正式課程中的基本教學時數與彈性學習時間之運用，真正將性別平等教育理念融入與實踐於正式課程當中。

三、性別平等教育的理想

性別平等教育旨在建立「人的平等」，是指在社會環境、人際互動、教育機會等各方面的平等，讓各種不同性別的人皆有平等的機會與環境，在所屬的社會中生存。而性別平等教育在學校教育的意涵，就是在學校的環境中，無論是受教育的機會、取得教育上的資源、學習上的競爭等，皆能達到實質性的平等。因此，教育部在推動各級學校的本位課程時，就希望將此性別平等教育意涵，真正實踐於校園當中。

四、性別平等教育的課程目標

根據教育部（2008）公布 97 課綱中，性別平等教育列入重大議題，並整合：

1. 認知面

瞭解性別意涵、性別角色的成長與發展，以探究性別與社會文化的關係。

2. 情意面

發展正確的性別觀念與價值評斷。

3. 行動面

培養批判、省思與具體實踐行動力。

由此三個層面，進而發展出六項課程目標。

1. 瞭解性別角色發展的多樣化與差異性。

2. 瞭解自己的成長與發展，並突破性別的限制。

3. 表現積極自我觀念，追求個人的興趣，並發展長處。

4. 消除性別歧視與偏見，尊重社會多元化現象。

5. 主動尋求社會資源及支援系統，建構性別平等之社會。

6. 建構不同性別和諧、尊重、平等的互動模式。

五、性別平等教育的能力指標

依據教育部（2008）所公布之「國民中小學九年一貫課程綱要重大議題（性別平等教育）」，在性別平等教育課程能力指標建構上，根據三大主題軸：(1) 性別的自我瞭解；(2) 性別的人我關係；(3) 性別的自我突破和性別的知識內涵，而建構出國民中小學應學習之性別平等教育的主要概念與次要概念，再依學生預期於不同階段所達成的能力，安置於不同的學習階段，而發展出的能力指標，其架構如表 34-1 所示。

表 34-1　國民中小學性別平等教育課程綱要能力指標概念架構表

主題軸	主要概念	次要概念
性別的自我瞭解	身心發展	身心發展差異
		身體意象
	性別認同	性取向
		多元的性別特質
	生涯發展	不同性別者的成就與貢獻
		職業的性別區隔
性別的人我關係	性別角色	性別角色的刻板化
	性別互動	互動模式
		表現自我
	性別與情感	情緒管理
		情感的表達與溝通
		情感關係與處理

主題軸	主要概念	次要概念
性別的自我突破	性與權力	身體的界限
		性與愛
		性騷擾與性侵害防治
	家庭與婚姻	多元家庭型態
		家庭暴力
	性別與法律	權益與法律救濟
	資源的運用	資訊、科技與媒體資源的運用
		校園資源的運用
	社會的參與	對公共事務的參與
	社會建構的批判	社會文化中的性別權力關係
		多元文化中的性別關係

資料來源：教育部國民教育司（2008）。國民中小學九年一貫課程綱要重大議題（性別平
　　　　等教育）（頁2-3）。臺北：作者。2011年7月9日取自 http://teach.eje.edu.
　　　　tw/9CC2/9cc_97.php

　　　性別平等教育課程在國民教育階段是讓學生對自我身心發展獲得初步瞭
解，以銜接於後，使學生悅納自我性別特質、建立性別認同，甚至能善用社
會相關資源，維護性別權益（潘慧玲、黃馨慧、周麗玉、楊心蕙，2010）。
因此，性別平等教育在能力指標建構上會依據主題，於國民教育階段時，在
課程與教育的比重上係以「性別的自我瞭解」為重心，在中等學校階段則以
「性別的人我關係」為重心，而為進入高等教育後在性別平等教育上與「性
別的自我突破」作銜接（林香河，2012）。

六、性別平等教育的實施評論

　　　一般學校教育實施性別平等教育課程係為螺旋式課程設計，課程最終之
目標在於對各個學習的面向與階段，能達到自我增能的成效。「螺旋式課程

精鍊過程」的角色，是透過不斷評鑑而符合學生需求的課程設計，也可提升教師在課程與教學上的專業能力。性別平等教育課程實施方式採融入正式課程當中，其過程為知識轉化的取向。因此，教師是否有足夠的轉化能力，就關係著性別平等教育課程的實施成效。

　　國內性別平等教育實施已歷經數十年的時間，有關性別平等方面的理念和認知、技能、情意、價值等方面的實施成效，是否在學校課程與教學中落實，學術界有相當多的學術論文，探討此方面的議題。雖然性別平等教育課程與教學在目前以升學為主的學校教育中，並未受到相當的重視，然而，多年來的課程與教學實施，已經為性別平等的概念奠定相當深厚的基礎。

【焦點概念】 性別差異與認同

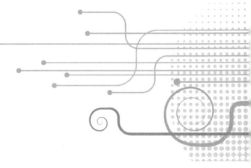

35 品德教育

一、品德教育的意義

　　品德教育的範圍廣泛，包括人與人互動的所有行為，個人的行為都是依據習慣的原則來修正個人的特質。品德教育係指在教育的歷程中，能兼顧認知、情意與行為實踐，使個體能知善、愛善與行善，以建立正確的價值觀；有了正確的認知後，方能做出合宜的道德判斷，並經由實際的參與活動，培養出良好的品德。學校的重任是幫助學生習得道德認知與養成良好的習慣，以符合日常生活所需，此即為品德的核心價值。莘莘學子在校園中有一段漫長的求學過程，因此在品德教育上，學校對學生的影響可想而知。所以，當學生在生活中遇到不同價值觀的事物時，將會以學校所習得的知識來面對。由此可見，學校學習的環境相對彰顯了品德教育的重要性。有關品德教育的涵義，請參見圖 35-1（許雅玲，2012）。

二、品德教育相關理論

　　有關品德教育的理論，國內外最常提及的理論為 Kohlberg 的道德發展理論。該理論的提出，是以道德認知發展為主，在研究方法上採用道德兩難問題情境，用以評定不同年齡受試者道德發展水平的高低，據此將道德行為分為三個時期六個階段（許雅玲，2012）：

　　1. 前習俗道德期（9 歲以下）：避罰服從取向、相對功利取向。
　　　‧ 第一階段：避罰服從導向。趨樂避苦，因恐懼懲罰而服從團體規範。

歷史大事年表

2004	2008
教育部訂頒「品德教育促進方案」第一期	各縣市制定具體行為準則

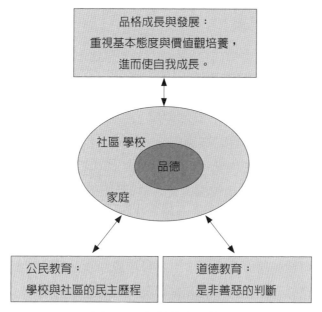

圖 35-1 品德教育涵義圖

- 第二階段：相對功利導向。行為的好壞以獎懲的後果作為取捨，獲得獎賞為是，受懲罰時為非，自己沒有主觀的是非標準，完全以唯樂主義為取向。

2. 習俗道德期（10～20歲）：尋求認可取向、遵守法規取向。

- 第三階段：尋求認可導向。為尋求別人的認可，而表現出眾行為，強調人際關係的取向。

- 第四階段：順從權威導向。服從團體規範，遵守法律，判斷是非有法制的觀念，強調權威關係的取向。

3. 後習俗道德期（20歲以上）：社會法制取向、普遍倫理取向。

- 第五階段：法制觀念導向。強調人權，並有強烈的責任心與義務感，尊重法制，但不受限於法律條文的涵義。

· 第六階段：道德原則導向。有是非善惡的價值標準，有所爲，有所不爲。

三、教育部品德教育促進方案

　　國內品德教育的推行，主要是依據「教育部品德教育促進方案」來進行。因此，此方案品德教育的實施內涵，依據「教育部品德促進方案」歸納出國小品德教育四項主要內涵：(1) 建構道德的核心價值和行為準則；(2) 整合學校內外資源，形塑品德校園文化；(3) 品德教育融入學校正式課程及非正式課程；(4) 建立教學資源分享平臺（許雅玲，2012）。

　　（一）建構道德的核心價值和行為準則

　　依據「教育部品德促進方案」，各縣市應辦理品德教育教材教案的徵選活動、辦品德教育的相關研習和推展品德教育相關活動。

　　（二）整合學校內外資源，形塑品德校園文化

　　依目前的實施現況而言，校外資源整合可分成四個面向，第一，學生家長：此面向的參與和協助最多，家長以愛心媽媽的身分，在晨光時間進行品德故事的演說或繪本導讀及戲劇表演；第二，專家學者：學校會依據相關的議題宣導，邀請專家學者到校進行演說，大多是利用學生朝會的時間來進行；第三，社會團體：大多是舉辦品德教育的相關課程提供教師研習，或是設計有關品德教育的教材，提供教師使用；第四，社區機構：協助的方式爲提供師生至社區機構參觀，或提供志工服務的機會，學生透過服務學習，親身體驗服務別人和幫助他人的喜悅。

　　（三）品德教育融入學校正式課程及非正式課程

　　品德教育除了可以融入正式的課程之中，「教育部品德教育促進方案」也指出，品德亦可融入非正式課程之中，如使用晨光時間或是導師時間，甚至是掃地時間、下課時間皆可以實施品德教育。例如，學生朝會進行模範生表揚、晨光時間進行班級常規的討論、打掃時間教導學生如何合作，而搭配

的教材非侷限於教科書的內容，也可以使用相關的議題或時事來進行。

（四）建立教學資源分享平臺

因應網路資訊的多元化，教師們必須講求團隊合作，才能面對學習環境快速的變遷。由於目前我國品德教育並無統一的教材，於是，學校要推行品德教育只能結合當地的資源特色，透過教師們的互相支援及合作，才有辦法發展出相關課程。而這些相關課程設計造成許多教師們的負擔，因此，教育部除了鼓勵這些發展有成的學校成爲品德特色學校或是品德教學資源中心，來提供經驗的分享之外，也建置了相關的品德網站，這些網站的功用爲蒐集品德教育的教學資源，提供一個教學交流平臺，方便教師做教材及經驗的分享，認同資料分享的重要性，因此，各級學校也開始架設網站，進行資源共享。

四、品德教育實施評論

品德教育的實施，在中小學學校教育中，受到相當的重視。然而，九年一貫課程中，並未正式明文規定中小學品德教育的實施，因而評論爲「缺德教育」，意思是，品德教育在九年一貫課程中被各方忽略，而學校單位必須單獨找時間實施品德教育。品德教育的實施，常常被和生活教育相提並論。不管品德教育是單獨實施，或是結合生活教育實施，對於學生的身心發展，品德的涵養、品格的陶冶等，都是學生在學習與成長中重要的一環。

【焦點概念】品德教育融入課程

36 傳統教學法

　　教師在教學活動實施中，爲了達成教育目標所採用的方法，稱之爲教學法。在教學方法的歸類中，通常包括傳統教學法、個別化教學法、群性發展教學、概念與思考教學、認知發展教學等幾項。傳統教學法指的是最早發展出來，而且是教師最常使用的教學方法。傳統教學法包括講述法、觀察法、問題教學法、啓發法、討論法、自學輔導法、社會化教學法、練習法、設計教學法、發表教學法、單元教學法等。有關傳統教學法的意義，簡要說明如下。

一、講述法

　　教師在教學過程中，除了運用現有的資源、教材、設備之外，還要運用各種教學方法，才能達到預定的教學日標。在傳統教學法中，這是最受教師歡迎的教學法之一，主要原因在進行過程簡單方便，不用外加各種設備和器材，方便、經濟、省時爲其三大特色。大抵而言，講述法是以書面或口頭形式，讓學習者主動閱讀書面資料，並傾聽教師講解。因此，講述法是注入式教學，偏向教師單向活動，過程容易感覺呆板、單調，缺乏生動活潑的精神，不易引起學習者共鳴，學習動機也較低落。

　　講述法因使用者的使用情境、時間及用途，而分成非正式的講述和正式的講述兩種。非正式的講述又稱之爲教師談話，是教師以非正式的型態將理念傳達給學生，所需要的時間較短、不拘形式，通常用於課後交談或個別約談。正式的講述使用的時間較長，教師採用口頭講述及書面資料，並運用各

種教學輔助器材、板書,將理念傳達給學生。

二、觀察法

　　觀察法是一種在教學過程中,運用教學事件和學習歷程的連結關係,達到教育目標的一種教學方法。此種教學法是一種教師在學生學習歷程中,指導學生利用視覺的功能以審視有關的事物,完成各種學習活動的過程。觀察教學法源自於英國經驗主義哲學家洛克主張人類知識的來源是來自於感官,感官功能的發揮在學校學習活動中,有助於教學或學習目標的達成。教師運用觀察教學法,強調實物教學在學習過程中的效果,遠勝於各種抽象的描述。教師在教學活動進行時,應該將各種抽象的概念轉化成更具體的形式,讓學習者容易吸收。觀察教學法的運用,主要是強調學習者從日常生活中,由經驗世界透過觀察,獲取知識的主要來源之一。

三、問題教學法

　　問題教學法是應用系統化的步驟,指導學生解決問題,以增進知識、啓發思想和應用所學的教學法。由師生共同合作、計畫、提出問題、解決問題。發展源自杜威強調解決問題需依循一定步驟,即:(1) 發生問題;(2) 確定問題性質;(3) 提出可能的解決或假設;(4) 選擇合理假設;(5) 驗證正確性等程序。因此,問題教學法是教師將各種日常生活所需的知識作系統化分析,運用系統化的步驟,指導學生將實際生活所遭遇的問題,加以歸納分析,並培養適性的思考能力。

　　教師在教學中,依據學生的年齡及心理狀態,以舊經驗或知識為基礎,強化學習的遷移,增進新知識的發現及原理原則的獲得與運用。教師的目標在於透過學習活動,引導學生針對自己的問題,擬定各種策略或方法加以解決。

四、啓發法

　　啓發教學法是師生互動的歷程，強調雙向回饋，是避免被動接受教師的注入和傳授，重視學習者解決和思考能力，以期積極主動學習。啓發法從開啓和發展觀點加以解釋。啓發教學法理論的發展，可溯至蘇格拉底的反詰法和孔子的教學法。啓發法從開啓和發展的觀點加以解釋，則開啓人類理性，發展人類潛能的理性主義和自然主義的教育思想與方法，都可以啓發加以說明。

　　啓發教學法強調的是教學方法不應該停留在傳統的灌輸知識，而是重視學生的思考活動，協助學生透過各種途徑解決問題，分析歸納、觸類旁通，以達到學習效果。

五、討論法

　　討論教學法係運用討論的方式，以達到教學目標的教學方法。其主要特色在於教師與學生針對主題進行探討，以形成共識或尋求答案，能為團體成員所接受的意見。討論教學法有別於講述法，重視教學活動中師生互動的歷程，從師生互動中，讓每一位成員自由發表自己的想法和意見，藉由經驗的分享、意見的交流，透過磋商接納、尊重等途徑，發展思考與價值判斷的能力。

　　討論教學法通常包括全體討論、小組討論、陪審式討論及座談會等四種方式。全體討論是由教師與全班學生一起討論，由教師或學生主持討論活動；小組討論是將全班分成若干組，由小組方式進行討論；陪審式討論是採小組的形式，小組成員由選舉產生，如同法庭陪審員自由展開討論，在討論過程中，學習者得以參加發言；座談會重點在於出席者報告個人之研究結果。

六、自學輔導法

自學輔導法有別於傳統班級教學，是容易忽略個別差異的教學方法之一，是一種學生在教師指導之下，進行自學的方法。此種教學法主要的特色在於適應學生的個別差異，學習活動的進行由學習者依據本身的經驗，對外界的情境和刺激所做的反應，學習者自己掌握學習活動的進行。自學輔導法和自修的方式不同，前者一方面重視自學，一方面重視輔導的功能；後者則強調自學的功能。

教師在自學輔導法中所扮演的角色是激發學生學習的興趣，指導學生學習的作業，提供學生各種相關的參考資料，指示學生自學的方法，解答學生學習上的疑難問題，評定學生的學習成就。學生則依據教師的指導，準備各種學習上所需的工具、書籍，依據教師所指定的作業以及學習方法，進行自學活動。因此，自學輔導法是學生在教師的指導之下，運用各類型的學習方法，自行學習教師預先指定的課題，以達到預定教學目標的一種教學方法。

七、社會化教學法

社會化教學法是屬於情意陶冶的教學方法，其主要目的在於發展群性，培養學生社會道德，以訓練民主風度及合作精神。社會化教學法又稱之爲團體教學法，是運用團體活動和討論方式，以指導學生學習的方法。社會化教學法和個別化教學法是相對的，社會化教學法的目的在於適應學生的個別性，個別化教學法的目的在於學生群性的陶冶。

八、練習法

練習教學法是以反覆練習，使動作、技能、經驗、教材達到熟練和正確反應。主要目的在學習者將各種動作、技能和需要記憶的概念，養成機械和正確的反應，例如，電腦文書、縫紉、機械製圖。

　　練習教學法的主要功能在於養成習慣、熟練技能和強固觀念。主要的目的包括增進學習的保留或記憶、發展學習的技能或方式、建立正確的瞭解和學習。練習教學法的運用，一般較常運用於語文科、技能科教學上，或是屬於記憶方面的課程上。

九、設計教學法

　　設計教學法是學生在自己決定的學習工作中，發現一個實際問題，由自己擬定工作目標，設計工作計畫，運用具體的材料，從實際活動中去完成這件工作，以解決實際問題的學習單元和教學的方法。

　　設計教學法最早源於杜威的反省思考歷程，經由 Richards 命名為設計教學法，後經由 Kilpatrick 極力提倡而定型。Kilpatrick 以為設計是一種全神貫注有目的的活動，設計教學法是針對日常生活中待解決的實際具體問題，由學者自行負責和計畫進行之有意義的單元學習活動。

　　在設計教學法中，教師的角色由以往的「主導」轉而為「指導」的地位。教師是設計的指導者，不是替代學生學習。在教學活動進行時，教師要能經常性地觀察學生的學習活動，隨時提供支持性的指導和引導，提供學生評鑑的標準和方向，讓學生的學習有依循的方向。

十、發表教學法

　　發表教學法是教師在教學過程中，指導學生經由不同途徑和方式，表達自己的知能和情意，達到預定目標，稱為發表教學法。其鼓勵學生將思想、情感、意志，用語言、文字、動作、圖形、工藝、音樂、戲劇表達等方式，充分表達出來。

　　發表教學法實施的主要用意在於為了學習者的自我實現或學習成就而發表，不是為了教師的自我表現或期望抱負而為。學習者表達自己的理念，目的在於溝通意見、增進瞭解、滿足需求、知行合一、熟練所習、清晰思想、

陶冶情趣、促進創造、更新文化和有助生活。教師在使用發表教學法時，應該在內容方面力求創新，設計一些符合學習者心理需求的策略，從心理需求滿足層面讓學生從發表中達到學習目標。

發表教學法的類型包括語言表達的發表、文字創作的發表、美術創作的發表、技能動作的發表、創造發明的發表、音樂演唱的發表、戲劇表演的發表、媒體創作的發表等類型。教師在實施發表教學法時，應該針對課程教學的目標、內容、學生的特性等，決定運用哪一種類型的發表進行教學。

十一、單元教學法

單元教學法是以單元為範圍的一種教學方法。單元教學法通常是以一課（lesson）、一章、一節或以一個日常生活中的問題為中心的完整教學為單元。單元教學法是以性質相近、目標一致的材料、內容或經驗為單位範圍，實施教學的方法。單元教學的種類，通常依據單元範圍分成學科單元、合科單元、聯合單元和大單元活動設計等數種。

單元教學法可讓學生在學習活動中，獲得完整的知識或實際的生活經驗。教師在運用單元教學法之前，應該依據學生本身的需要，做各種學習前的統整工作，使學習產生有意義的相互連結，尤其是知識與經驗之間的有效串連。

傳統教學法是所有教學法中，發展實施最早，且是教師最為常用的教學方法。上述的教學方法，大部分被分在傳統教學法中。傳統教學法本身並無優劣之分，而是教師在依據不同學科性質、單元目標、學生學習等，配合教學現場的設備之後，所採用適合教師、適合學生的方法。

37 合作學習

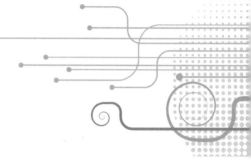

一、合作學習的意涵

（一）合作學習的意義

合作學習的實施與重視個別式、競爭式的學習過程，有相當大的差異。不管在教學活動的實施，或是學習活動的進行，分組合作學習都有助於提升學生的學習成就、增進學生的學習動機、發展合作技巧及溝通技巧、增進學生在學習方面的自尊，同時具備多種功效的教學策略（林進材，2013）。

合作學習最基本的定義其實是一種教學策略，是「異質分組」的合作，在學習中，教師將不同能力、性別、種族背景的學生，分配於同一小組內一起學習，此種教學法可適用於大部分的學科及各個不同的年級。

（二）合作學習的發展

合作學習的教育觀點並非始自今日，自 1700 年代末葉即有許多合作學習的觀點，於二十世紀中期由 Johnson 與 Johnson 研究及推廣而被廣泛應用於中小學教學中，同時被廣泛應用在許多的教育層面，因此，合作學習可說已發展成多樣的面貌，甚至被譽為近十幾年來最重要、最成功的教學改革。國內進行合作學習的相關研究也在近十年來蓬勃發展，合作學習運用在課程與教學上，對身在教育前線上的教師也是另一個新的突破與拓展。尤其是即將展開的十二年國教，重視的是學生的合作學習。

（三）合作學習的重要性

合作學習的教學策略，其教育結果可以幫助學生獲得合作能力，適應未

歷史大事年表

1900	1978
Johnson 與 Johnson 將分組合作學習應用於中小學	Aronson 提出拼圖法

來的社會生活，學生不僅在認知上獲得良好的學習成就，在情意上亦可提高學習動機，以及提升與人交際、溝通的社會技能，在教育上具有相當的重要性。此外，經由合作學習課程之設計，學生可獲得以下的改變：

1. 溝通學生的不同思想，促使學生能透過表達自我，獲得自我概念。

2. 知識的獲得是一種主動的參與，而不再是接收教師單方面傳來的知識。

3. 提供學生愛與支持的環境，學生不再成為被動的接受者，而是主動的參與者。

4. 合作學習為學生提供一種實際參與活動，「做中學」的教學方式。

二、合作學習與傳統教學的差異

合作學習與傳統教學活動的實施，在各方面差異性相當大。傳統教學活動的實施，強調只要將課程教材內容教給學生，引導學生達到知識學習的精熟程度即可。合作學習的實施強調以學生為學習的主體，教師提供各種合作技巧的情境，引導學生進行學習活動，在教學中協助學生，達到各種精熟的程度。

1985	1988	1994
Slavin 提出小組協力教學法	Dansereau 提出配對學習	Johnson 與 Johnson 提出共同學習法

表 37-1　合作學習與傳統教學差異比較表

項目合作	學習教學法	傳統教學法
教學者角色	引導學習	支配學習
獲得知識方式	主動學習、討論、溝通	被動學習
課堂主角	學生為主、教師為輔	教師為主、學生為輔
座位安排	以討論及互動方式安排	固定座位
小組分組方式	異質性分組	不分組
學習責任	重視個人與團體學習績效	重視個人學習績效
互動方式	採用合作技巧	用個人技巧
教學成效檢討	重視歷程與持續性的改善	重視個人酬賞

三、合作學習的類型

依據國內外有關分組合作學習類型的研究與論述，合作學習的類型以精熟、分享與討論、探究等為主，茲簡要說明如下：

（一）學生小組成就區分法

學生小組成就區分法（Student's Teams Achievement Divisions，簡稱 STAD）是合作學習中最容易實施的方式，其應用範圍最廣，也是實施效果最顯著的方法。

（二）拼圖法（Jigsaw）

拼圖法（Jigsaw instruction method）是 Aronson（1978）發展出來的教學法。拼圖教學法將教材分成五個小子題，教師將全班學生分組，每組有六個學生，每位學生負責一個小子題，另一位學生列入候補，以便遇到學生缺席時，遞補之用。負責相同子題的學生先成立「專家組」共同研究負責的子題，以達到精熟的程度。

（三）拼圖法第二代（Jigsaw-II）

拼圖法二代的教學流程為：

全班授課→（原小組、專家小組）分組學習→分組報告或發表→小組及個人成效評鑑→（個人、小組）。

此項教學法大多被運用在社會科學的教學，以及以閱讀為主的科目中。

（四）認知學徒制（cognitive apprenticeship）

認知學徒制是 Collins、Newman、Rogoff 等人，針對教學中如何運用合作學習幫助學生在團隊學習中建立尊重與信任，讓每位學生對學習都感到有責任，藉以發展社會技巧及深層的理解，並培養具有更高層次的思考能力、批判能力和解決問能力而發展出來的教學法（黃政傑、吳俊憲，2006）。

（五）學習共同體（學習社群）（learning community）

學習共同體的概念是透過學習社群的方式，以學生學習分組的形式，運用學習共同責任與相互分享策略，達到教學與學習目標。學習共同體是以學習為核心概念，將學生以共同目標作為分組的依據，小組成員突破以往傳統單打獨鬥的學習模式，以溝通、合作的方式，建立一個多元、專業、分享的互動情境。

（六）共同學習法（learning together）

共同學習最有名的推動者為 Johnson 與 Johnson（1994），其概念源自學習中共同合作、競爭與個人主義三種學習目標的比較。此法對小組人數有限定，且均為異質分組，而人數較少的團體則有較多討論的時間，互動也較單純。

（七）團體探究法（group investigation）

團體探究法的教學流程如下：

界定主題並組織研究小組→計畫研究工作→進行研究→準備報告→呈現報告→學習評鑑。

此種教學法是由 Sharan 與 Sharan 於 1976 年所發展，教學的特色在於

由教師與學生共同討論將一個學習目標分割為數個小目標，每個小目標以小組方式進行主題的研究，對於小組所要探討的主題有較大的自主空間。

（八）配對學習（paired learning）

配對式合作學習是 Dansereau（1988）針對認知學徒制的論點，所提出的一種教學方法。配對學習的特色在於教師應該摒除學習者僅使用自己的方式達成合作學習目標的缺失，應該藉由配對式合作學習方式，引導學生小組成員透過彼此認知互動的過程，促使學習者達成共同的學習目標。

（九）小組學藝競賽法（TGT）

小組學藝競賽法的教學流程如下：

全班授課→分組學習→學藝遊戲競賽→小組及個人成效評鑑→（個人、小組）表揚（黃政傑、林佩璇，1996；郭穗宣，2013）。

小組學藝競賽法和學生小組成就區分法相近，內容包括五大要素（Slavin, 1995），不同處在於小組學藝競賽法是以遊戲競賽的方式來取代小考測驗，透過競賽桌的方式來進行小組間的競賽（黃政傑、林佩璇，1996）。

（十）小組協力教學法

小組協力教學法（Team Assisted Instruction，簡稱 TAI）又稱為小組加速教學法（team accelerated instruction），此種教學法結合了合作學習及個別化教學，是 Slavin 於 1985 年為三至六年級數學而設計，其教學步驟說明如下（黃政傑、林佩璇，1996）：安置測驗→分組學習（閱讀說明頁—單元練習—形成性測驗—單元測驗）→小組評鑑（小組評分）→個人學習評鑑（真正測驗）→全班授課。

四、合作學習的實施流程

合作學習的實施，教師的角色從單一的講授者轉變成觀察者與參與者，教師同時是教學者，也是問題的引導者與解惑者。合作學習的實施流程，依

據相關的文獻指出，有關合作學習的教學論述，實施流程包括確定教學目標、設計教學流程、教學前的準備、教學的實施、合作技能的學習、增進成效的指導與表揚、團體歷程與省思等七個重要階段。

五、合作學習的特質

合作學習的實施和一般傳統教學的主要差異，在於合作學習具有下列幾項特質：

（一）異質性分組

合作學習在教學實施中，學生是採用異質性分組方式，各小組成員之間依據不同性別、背景、學習能力、家庭背景等，進行學習小組的分組，讓每一位學生都有相互互動與分享的機會。

（二）積極的互賴關係

合作學習在教學實施中，教師會依據不同性質的學生，引導建立各種積極的互賴關係，包括目標互賴、學習工作互賴、學習資源互賴、多重角色互賴、酬賞互賴等關係的建立，並且運用在教學活動上。

（三）重視個別學習績效

合作學習讓每一組的成員，在學習中都有貢獻。透過對於個人的精熟程度，以小組成員提供個別的貢獻，同時也重視團體的績效。

（四）面對面互動關係

合作學習中，由於重視學生的積極互賴關係的建立，以及為自己和彼此的學習負責，因此，小組成員必須摒除傳統的孤立獨立的學習，以面對面、相互討論、分析回饋的方式進行討論，透過面對面互動關係的建立，營造良好的學習關係。

（五）同等的成功機會

合作學習重視每個小組成員要為自己的學習成效負責，而且小組的成績是由每位成員的進步分數加總而成，因此，每個小組成員都有同等的成績機

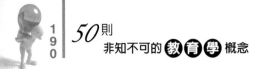
會。

（六）重視小組酬賞的運用

合作學習的小組成員具有相同的目標，當學習目標達成時，每一位成員都可以獲得獎賞。小組的表現與既定目標相互比較，在時間之內，每一小組達到預期的目標就可以擁有相當的鼓勵與增強的機會。

（七）團體歷程的運用

合作學習重視團體歷程的運用，教師在教學中安排時間，分析討論各小組運作的功能與發揮的情形，並且透過達成目標的狀況，觀察成員在團體中是否有效維護工作關係並適時給予指導。

（八）人際技巧的學習

合作學習實施過程中，教師必須教導學生學習人際關係的技巧，引導學生在小組討論（或活動中），進行各種議題的團體討論與合作。

六、結論

合作學習和一般傳統的教學，主要的差異在於合作學習透過學習共同體、積極互賴關係的建立，以個別和小組的成績為主要的評量依據，鼓勵學生以小組學習的方式，達成學習的目標。在教學實施歷程中，既重視個別的學習成效，也重視團體的學習成果。

筆記欄

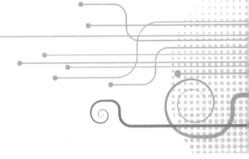

38 學校效能

　　學校效能是學校追求卓越、提升品質的重要關鍵,透過學校效能議題方面的研究與探討,有助於提供學校效能提升的指標與途徑。有關學校效能的概念,本文簡要從下列各方面加以論述說明之。

一、學校效能的基本概念

　　學校效能的基本概念是指一所學校在各方面均有良好的績效,包括學生學習成就、校長的領導、學校的氣氛、學習技巧和策略、學校文化和價值,以及教職員發展等,因而能夠達成學校所預定的目標(吳清山,1997)。

二、學校效能的研究方法

　　學校效能的探討,需要透過系統化的研究,才能提出具有正面意義的學校效能概念。學校效能的研究方法,包括極端組研究、個案研究、方案評鑑等三個主要的研究方法。

(一)極端組研究

　　極端組研究(outlier studies)是透過大規模標準化測驗,蒐集並分析比較高效能學校和低效能學校的差異,進而提出相關的建議。例如,研究某縣市學校效能方面的問題,可以選擇高效能的學校與低效能的學校,在校長領導型態方面的差異。

(二)個案研究

　　學校效能的個案研究方法,係針對一所或數所學校進行深入觀察、晤談

歷史大事年表

● 1966	● 1979	● 1985
1.教育產出功能研究 2.極端組研究	學校改進研究	

與研究，藉以瞭解學校效能方面的議題。例如，研究高效能學校閱讀成就高的主要策略與方法，可以採用個案研究方法（吳清山，1997）。

（三）方案評鑑

學校效能研究的方案評鑑，是所有學校效能研究方法中，比較嚴謹的研究方法。方案評鑑是針對某一方案實施成效進行評鑑，它的研究結果和上述的極端組研究與個案研究的結果大同小異。

有關學校效能的研究途徑，不管採取哪一種途徑的研究，都容易在研究結果呈現時，受到各方的質疑。未來在學校效能的研究方面，宜檢討幾種研究方法的缺失（或限制），採用多元多層次的研究。

三、學校效能的討論議題

學校效能的討論議題，一般會從學校經營的層面，作各種發展性問題的討論。有關學校效能的討論議題，簡要說明如下（吳清山，1997）：

（一）學校組織結構與學校效能

學校組織結構與學校效能方面議題的探討，在內容上包括組織結構的理論分析、學校組織結構與學校效能的關係。

1. 組織結構的理論分析

在理論方面，包括組織結構的意義、組織結構的要素、組織結構的功能；在理論探討方面，包括科層體制理論、不證自明理論、聯接鬆散理論、密茲柏結構理論等在學校效能上的應用。

2. 學校組織結構與學校效能的關係

此方面探討的內容包括教師工作滿意度、學生成就的關係、組織結構與組織效能之關係等方面的探討。

（二）學校組織文化與學校效能

在學校組織文化與學校效能方面的探討，一般包括學校組織文化的理論、學校組織結構與學校效能的關係等。

1. 學校組織文化的理論

在學校組織文化的理論探討方面，內容包括組織文化的意義、組織文化形成的理論基礎、組織文化的內容、學校組織文化的評量等方面的議題。

2. 學校組織文化與學校效能關係

此方面的內容，包括學校效能的文化要素、學校組織文化與學校效能關係方面的研究、塑造優良學校組織文化、提升學校效能的途徑等。

（三）學校組織氣氛與學校效能

學校組織氣氛與學校效能方面的探討，在內容方面包括學校組織的理論分析、學校組織氣氛與學校效能的關係。

1. 學校組織氣氛的理論分析

在學校組織氣氛理論分析方面，內容包括學校組織氣氛的基本觀念、學校組織氣氛的特性、組織氣氛與組織文化、組織氣氛的研究途徑、學校組織氣氛的影響因素等議題的探討。

2. 學校組織氣氛與學校效能關係

在學校組織氣氛與學校效能關係的研究，在內容方面包括影響學校氣氛的因素、營造開放型學校氣氛、建立良好師生互動關係等議題的分析與探討。

（四）學校建築環境與學校效能

學校建築環境與學校效能方面的探討，在內容上包括學校建築環境的理論分析、學校建築環境與學校效能的關係。

1. 學校建築環境的理論分析

學校建築環境理論方面，內容包括學校建築的意義、學校建築的特性、學校建築規劃的基本原則、學校建築規劃的內涵、學校建築研究上的難題等方面的分析與舉例。

2. 學校建築環境與學校效能的關係

在此方面的研究內涵，包括學校建築環境與學生行為之相關研究、學校

建築環境與學校效能的關係分析與討論等。

　　（五）學校管理與學校效能

　　學校管理與學校效能方面的分析，在內容方面包括學校管理的理論分析、學校管理與學校效能關係之研究。

　　1. 學校管理的理論分析

　　學校管理的理論分析，內容包括學校管理的意義和目的、學校管理模式分析。

　　2. 學校管理與學校效能關係

　　此一層面的研究，包括學校管理與學校效能、校長領導與學校效能等在學校效能提升上的意義。

　　（六）教師效能與學校效能

　　教師效能與學校效能的探討，一般包括教師效能的理論分析、教師效能與學校效能的關係。

　　1. 教師效能的理論分析

　　教師效能的理論分析，在內容方面包括教師效能的基本概念、有效能教師的特徵、教師效能研究的派典、教師效能的測量等。

　　2. 教師效能與學校效能關係

　　教師效能與學校效能的關係，在研究方面包括教師行為與學生成就、教師期望與學生成就、教師效能與學生成就、教師效能與學校效能的關係、教師效能是預期學校效能的重要指標等。

　　（七）學校改革與學校效能

　　學校改革與學校效能探討的議題，包括學校改革的理論分析、學校改革與學校效能的關係。

　　1. 學校改革的理論分析

　　學校改革的理論分析，在內容方面包括學校改革的取向、學校改革的要素、學校改革計畫的步驟等。

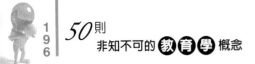

2. 學校改革與學校效能

學校改革與學校效能的研究，在內容方面包括學校效能與學校改革的差異、學校效能與學校改革的關係等方面的分析與討論。

四、學校效能的展望

學校效能是學校發展的重要指標，在學校效能的要求與規範之下，學校經營者與學校的教學行政團隊，應該瞭解學校效能的議題，針對學校教育發展實際上的需要，以學校效能的各種議題，作為教育計畫與教學實施的參考，透過對學校效能的瞭解，採用各種方法與策略，提升學校效能，並進而提升教師教學效能與學生學習效能。

筆記欄

39 資訊融入教學

　　資訊融入教學在臺灣近十年來，是相當受歡迎的教學方式，透過資訊電腦介入學校教學中，提升了教師教學品質與學生學習效能。由於資訊科技的進步，各種電腦軟體的發展，取代各種教學媒體，成為主要的教學媒介與輔助功能。一般而言，論及資訊融入教學，主要的內容包括資訊融入教學的意涵、資訊融入教學的軟體、資訊融入教學的設計與歷程、資訊融入教學成功的主要關鍵。

一、資訊融入教學的意涵

（一）資訊教育的範圍

　　資訊教育的包含層面廣泛，大體而言，資訊教育的推展層面含括了師生資訊素養、資訊應用能力、軟硬體設備資源與縮減數位落差等。具體言之，我國資訊教育的應用推展面向乃包含：

　　1. 培養學生資訊科技應用能力、態度與行為的教育。

　　2. 資訊科技應用能力涵蓋軟體、硬體及網路應用能力。

　　3. 資訊科技應用態度與行為，包含合法合理使用資訊通訊軟硬體的正確觀念與行為。

　　4. 教師資訊素養、數位教學資源、資訊通訊設施、國內外交流合作及資訊教育行政機能為推動資訊教育之輔助構面。中小學資訊教育的對象為全國的高中、高職、國中和國小，教師、校長、教育行政人員、產業與社區則扮演關鍵角色（蕭英勵，2009）。

歷史大事年表

1997	2001
教育部推動資訊教育基礎建設計畫	教育部將資訊教育列入九年一貫課程六項重大議題之一

（二）資訊融入教學的意義

資訊教育的重要性在於應用教學層面，使教師之教材、教法、教學媒體多元化，建立啟發式、互動式學習環境，資訊教育的重心為培養學生運用資訊進行判斷、組織、決策與處理問題的能力，養成愛好學習、獨立學習的習慣，並能在全球化的網路學習社群中與他人進行合作學習，培養健全的社會價值觀與開闊的世界觀。資訊科技融入教學的意義在於教師是否能瞭解資訊科技的本質，且能統整學科知識與資訊科技，引導學生應用科技進行有意義的學習活動，提高學生的學習成效與興趣。資訊科技並非能主導課程教學，而在於教師理解資訊科技與課程教學之間的關聯脈絡，進行和諧地調整與溝通，善於運用資訊科技來解決課業與生活問題（蕭英勵，2009）。

資訊融入教學的主要意義，在於教師教學活動進行時，透過各種資訊電腦軟體的運用，使教學活動更順暢地進行，更能適應學生的個別差異，以更快速的方式，提升教學效果。

二、資訊融入教學的軟體

資訊融入教學主要的用意，在於透過各種電腦軟體的運用，強化教師教學效果，並提升學生的學習成效。一般使用的資訊融入教學軟體，簡要說明如下（蕭英勵，2009）：

（一）文書軟體

目前市面上常見的文書軟體有 Microsoft Office 與 OpenOffice.org 等。文書軟體（如：Word 或 Writer 最常用來編排文件）、簡報軟體（如：Powerpoint 或 Impress）多出現於會議上，用來呈現企業組織、政府單位、學校機構等敘述經營概況、績效與產能之報告內容，報告人透過多媒體來整合文字、聲音、影片與動畫，加深聽眾的印象，以條列大綱說明與重點歸納，清楚交代報告人的重點。

（二）動畫影片

教師在進行教學活動之前，先播放一段教學影片，透過提問策略，以引發學生的學習動機。教師運用多媒體影片與動畫，在於能加強學生的知識概念，透過連續動作來補足文字敘述的不足（例如，物理的力學原理，透過動畫即可清楚呈現運動方向；地震學家蒐集百年的全球地震數據，研發一套全球地震模擬軟體，透過動畫將百年的地震具體呈現），是最常被教師用來進行資訊融入教學的工具之一。

（三）網頁軟體

目前市面上的網頁製作軟體為 Microsoft Frontpage、Macromedia Dreamwaver、Flash、Nvu 等。網頁製作軟體在於能結合文字、聲音、影像、動畫等，上傳伺服器後，就能提供各界觀看與分享。教師需教導學生禁止將色情或暴力圖片等上傳網站，也不能隨意下載版權音樂，以遵守現有法令規章。網路上許多學習資源，大多由網頁呈現的方式，讓師生能免費進入教學網站，使用討論區、成果發表、線上測驗、留言版、電子郵件等功能，並能呈現小組合作的成果。

（四）自由軟體

教師教學活動實施中，最常使用的軟體如：OpenOffice.org 文書處理軟體、Nvu 網頁製作軟體、Tuxpaint 繪圖軟體、Gimp 影像編輯軟體、Firefox 網頁瀏覽器等，豐富了學校資訊教育的內涵。教育部著眼自由軟體的趨勢，推動自由軟體學校之專案計畫，鼓勵臺灣中小學教師成立研究社群，共同研發適合學校使用之應用軟體。

（五）互動式電子白板

互動式電子白板（Interactive Electronic Whiteboard，簡稱 IWB）利用 USB 與電腦連線，使用單槍投影機投射於白板上，並配合電子白板相關應用軟體，電腦同步顯示電子白板書寫的內容，電子白板內建了數位互動之功能，模擬滑鼠的方式可進行線上修改、同步顯示、儲存與匯出教學資料。教

學電腦整合了單槍投影機、互動式電子白板、學生平板電腦、無線藍芽手寫板、IRS 回饋系統，形成了一個優質的 e 化學習環境。互動式電子白板整合了文字、聲音、影像與動畫等物件，以提供教師運用這些技術來增強教學法，教師可依據教學目標與策略來決定教學工具，在教學活動的過程中支持學生的學習活動，引導學生參與並增進其抽象概念的學習。

三、資訊融入教學的理念

（一）採用資訊融入教學的原因

資訊融入教學的歷程，通常要考慮影響教學活動實施的各種因素，例如，教師透過教案設計來分析課程知識內容屬性是否能透過資訊科技來呈現，恰當的時間安排，透過影片來提高學生的學習動機，讓學生能經由動畫來理解抽象概念。

（二）教學實施的對象

教師本身是否具備良好的資訊素養（例如，電子白板操作、網路使用等資訊能力），且學生需具備基本的網路搜尋、學習策略、文書處理等能力（例如，上網搜尋全球暖化資料，需與小組成員討論並製作成簡報進行成果分享），以便能參與教師之資訊融入教學活動。

（三）使用的主要時機

並非每一堂課都需要進行資訊融入教學，教師需要安排教學時間點，進行教案設計時，預留時間進行資訊融入教學，且能讓學生進行小組討論、師生問答活動。

（四）實施教學的地點

教師將資訊科技運用於教學活動之前，需透過教案設計來事先規劃，依照學科屬性、資訊科技工具便利性、教學法、學生小組活動的適合性等，安排資訊融入教學的地點，考量電腦教室的資訊科技之豐富性，但也有其借用不便的困擾；教師於教室內運用資訊科技，不需將學生帶往教室外，節省

時間成本，但教室內空間狹小，且安裝資訊科技設備不易，也是需考量的因素。

（五）可以採用的資源

教師宜考量每一資訊工具的特性，影片可以呈現感覺情境，但不宜占用全部的教學時間（例如，整節課是影片欣賞）；動畫可模擬抽象概念，但實體物品觸摸可以取代動畫，便不需製作動畫（例如，讓學生觸摸雕像或小動物，可培養觸覺；工廠的汽車維護，讓學生親自操作等），動畫教學並非能全部取代實物教學。

四、資訊融入教學的歷程

一般資訊融入教學的歷程，包括幾個重要的階段和要素：

1. 規劃 1（plan 1）：診斷教與學的困難點。
2. 規劃 2（plan 2）：設計資訊融入教學活動。
3. 執行 1（implementation 1）：依教學設計來執行。
4. 執行 2（implementation 2）：選用科技融入教學。
5. 執行 3（implementation 3）：培養學生資訊素養。
6. 評鑑 1（evaluation 1）：依學生學習特性設定指標。
7. 評鑑 2（evaluation 2）：評鑑科技融入活動成效。

五、學校實施資訊融入教學的有效策略

雖然資訊融入教學在學校教育系統中，受到相當多教師與學生的歡迎。然而，在推展資訊融入教學的過程中，仍然受到外界相當多的阻力，需要學校領導者與從事教學工作者，多方的推廣和努力，才能達到預期的效果。學校在實施資訊融入教學的有效策略，簡要分析說明如下（蕭英勵，2009）：

（一）從教師最熟悉的學科教學活動開始

學校與其用「由上對下」（top-down）的教育政策，規定教師運用資訊

科技的方針，不如運用「由下發展」（bottom-up）的推動模式，以教師現有的學科教學活動爲主，尋找整合的數位教學資源，觀摩教師將資訊科技融入教學的實務經驗與做法，建立起使用資訊科技之信心與態度，引導教師成功地將資訊科技融入教學活動。

（二）以「證據本位」推展資訊融入教學活動

學校應該以眞實的資訊融入教學的行動，來取代教案競賽或抽象的指標，結合「證據本位研究」（evidence based research）與「教學檔案取向」（portfolio approach），以學校爲本位的資訊融入課程教學模式，請種子教師進行教學活動過程反省，並提出詳細之資訊融入教學步驟，將成功的資訊科技融入教學模式並推展到學校其他班級，經試驗與修正之後，成爲學校教師使用資訊科技融入教學的參考方針。

（三）提供真實情境讓學生整合科技與知識

教師要營造一個學習情境讓學生能轉化所學的知識，實際地用來解決日常生活所遭遇的問題，學生不僅能將所學知識與生活經驗結合，在學校內認識花草植物等，更能用來解決社區、居家生活周遭環境的問題，運用資訊科技與課程知識來提出一套解決的策略，並評估策略可行性與執行成果，進行一系列資訊科技方案執行成效的反省歷程。

【焦點概念】資訊科技融入教學

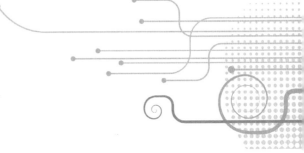

40 零體罰

　　在談「零體罰」的概念之前，要先分析體罰的相關概念。體罰在我國學校教育中，是個存在已久的概念和事實。尤其傳統「愛之深，責之切」、「不打不成器」的教育觀念下，施予威嚇或處罰乃成為父母或教師普遍使用的手段（蔡莉莉 2009）。

一、體罰的過去、現在和未來

　　體罰在中國已經存在相當長的一段歷史，例如，早在東周之前就有文獻記載體罰的相關事實了。無論是儒家的教育觀點、蒙學教育、官學教育、大學教育的規定或是民間的家訓規範，也都強調「體罰」是教育學童的手段之一，適當的「體罰」能讓學童知錯而改，有所依循，故「體罰」是有其存在的必要性的。

　　到了明朝和清朝時期，雖然當時的社會上仍有體罰的風氣，但是已經有一些學者主張應該根據兒童的發展天性，採取符合該年紀的訓誡方式。明朝的王陽明就認為「體罰」一事並不能視為理所當然的唯一教育方式，若是一味的用「體罰」的方式來教導兒童，造成兒童「懼學」情況產生的話，就會得不償失，也會因此失去教育的根本意義。清朝官方更明文規定，教導學童應該追求各種循循善誘的教學方法，絕對禁止教師體罰學生（蔡莉莉，2009）。

　　體罰的沿革，一般分成三個主要的階段：第一階段，指的是 1945 年頒布嚴禁體罰學生的行政命令，至 1970 年明文規定體罰學生的教師將會受到

歷史大事年表

1945	1970
頒布嚴禁體罰學生的 行政命令	明文規定教師禁止體罰

記過的處分，再至 1982 年將「不實施體罰」列入各國中教師聘約中；第二個階段，指的是教育部於 1994 年發表考慮設立由第三者執行的懲戒室之言論，說明了雖然教師擁有法定的管教權，但並不等於教師可以體罰學生，需經由一定程序並經家長同意，才可由懲戒室實施懲戒；第三個階段，指的是由民間教育改革團體強烈譴責教育部這項措施，社會輿論也同聲對此規定表示反對的立場，所以並未正式實施。而後，2001 年臺北市中等學校校長會議將「推動零體罰」列入議程，開啓了教育界對「校園零體罰」的一連串宣誓活動，也爲「校園零體罰」的第三個階段開啓了先驅。

二、零體罰的意涵

要討論零體罰的意義，應該將體罰與零體罰的概念放在一起討論。國內有關的體罰與零體罰的探討，大部分聚焦於中小學學校教育中。

（一）體罰的意義與類型

國外有關體罰的探討，如 Bryan 和 Freed 依據調查結果將體罰方式由輕到重分爲三類：

1. 輕度體罰方式：包括有輕輕地打耳光、打臀部、推一下及碰撞等。

2. 中度體罰方式：包括有打耳光、用戒尺打、用肥皂洗嘴唇及抓頭髮等。

3. 嚴重體罰方式：包括有用皮帶抽打、用鞭打、拳打、腳踢、毆打及綑綁等。

Rose 的研究發現，有多數的學校使用戒尺來體罰學生，只有少數學校使用別的用具或手掌來體罰學生。美國中小學所使用的體罰方式大部分屬於輕度，只有小部分是屬於中度的體罰方式。換言之，美國中小學實施適度體罰的管教方式，而非傷害學生身心的嚴重體罰方式。至於我國教師較常使用的體罰方式，則以罰站、罰跪、罰跑、敲頭、打耳光、揪耳朵、打手心、罰舉重物、蹲馬步、青蛙跳、伏地挺身、打屁股、罰多寫作業、勞動服務等方式爲多（蔡莉莉，2009）。

人本教育基金會則將處罰方式分類如下：

1. 直接打身體：如打手心、耳光、頭、屁股、掐肉、擰耳朵等。

2. 指定某種姿勢使身體勞累：如罰站、罰跪、罰半蹲、兔子跳、舉重物、跑操場等。

3. 增加課業：如罰寫字、抄書、背書等。

4. 限制活動：如不准下課、不准參加戶外教學或畢業旅行或社團活動等。

5. 勞動服務：如掃廁所等。

6. 言語羞辱：如罵「爛」、「賤」、「不要臉」、「畜生」、「壞痞子」、「去死」、「笨豬」等。

7. 孤立學生：如罰獨處於角落或走廊、不准與同學交談等。

8. 教學生自打或互打。

9. 罰錢（非賠償）。

10. 示眾羞辱：如掛牌子、剃光頭、在臉上畫圓、在司令臺上罰站等。

11. 剝奪生理需求：如禁止飲食、上廁所、午休等（蔡莉莉，2009）。

（二）零體罰的意義

對於「零體罰」（zero physical punishment or zero corporal punishment）一詞的定義，吳清基在 2004 年就任臺北市教育局長時，曾對「零體罰」下了定義：「零體罰並不是不管教學生，而是教師以專業的方法及智慧來改變學生。落實零體罰是一種專業，符合人權反暴力，教師不可因對學生施以身體方面的責打、體能方面不適切的責罰或語言方面不符教育目的的責備，而造成學生身體及心理的傷害或影響學生的受教權。」並提出零體罰政策的十大規準為（臺北市 e 週報，2004）：

1. 學校輔導與管教學生的措施，應符合實質正當性。

2. 學校輔導與管教學生的措施，應符合形式必要性。

3. 學校輔導與管教學生的措施，應符合程序合法性。

4. 零體罰政策的貫徹是優質學校的一項指標。

5. 零體罰能夠保障學生人權。

6. 沒有任何教育專業理論支持體罰，教師動用體罰已悖離其教育專業，要依賴體罰才能教學，顯示教師已失去其專業資格。

7. 體罰是反教育的行為，因為體罰的行為直接宣示「赤裸裸的教育暴力，可以在某種名義之下，被視為正當」。學校是在辦教育，如果學校存在著反教育的行為，它就不能叫「學校」了。

8. 教師管教學生時，可依學生不當行為的過程與動機，以勸導改過、口頭糾正、留置學生課後輔導矯正其行為、責令賠償所損害的公物等方法，來達到輔導與管教的功能。

9. 教育人員對學生的人權要完全的保障與尊重。

10. 禁止體罰係屬教育政令，違反者應依「公立學校教職員成績考核辦法」第八條二之（一）之規定，記大過乙次之懲處。

三、國內有關體罰的規定

有關零體罰在法規方面的規範，國內自 2006 年 12 月 12 日，立法院三讀通過「教育基本法修正案」。同年 12 月 27 日，總統明令公布此修正案（華總一義字第 09500182701 號）後，臺灣正式成為全球第 109 個禁止校園體罰的國家。為了避免教師因無法體罰而改採消極的方式來管教學生，建立完整的學生輔導與管教機制，教育部與全國教師會共同研擬「學校訂定教師輔導與管教學生辦法注意事項」草案，以作為教師管教學生之依據。

國內不論是「教育基本法」、「公立高級中等以下學校教師成績考核辦法」、「兒童及少年福利法」、「教師法」或「家庭教育法」，在在強調學生擁有學習權、受教育權、身體自主權及人格發展權，國家應予保障，並使學生不受任何不當或違法之侵害；亦指出教師負有輔導或管教學生，導引其適性發展，並培養其健全人格之義務，若有輔導管教不當，以致造成學生身

心傷害者,需受記過之處分;若學生有重大違規事件或特殊行爲時,學校應立即通知其家長或監護人,並提供相關家庭教育諮商或輔導之課程;同時規定任何人對於兒童及少年不得有身心虐待之行爲。

四、國外有關體罰的規定

有關零體罰在法規方面的規定,幾個重要國家都明文規範,提供中小學教師或是學校教育機關,作爲處理學生問題行爲的參考。

（一）瑞典法則

瑞典是全世界第一個立法禁止體罰的國家,首先在 1928 年修訂教育法,禁止中學教師體罰學生;1957 年在刑法中廢除照護者體罰的抗辯權;1958 年所有學校機構禁止體罰;1960 年規定兒童照護機構和矯正學校中禁止體罰;1966 年在親職法中刪除准許輕微體罰的規定;1979 年國會議員在民調半數仍然對立法遲疑的情況下,以 98% 的贊成比例通過了新的親職法,規定:「兒童有權利受到照護、保護和妥善撫育。」

（二）美國法則

美國是屬於地方自治的國家,由各州政府視其地方需求而決定允許或禁止體罰。允許體罰的州,通常是由州政府授權各學區自行擬定其體罰政策,有些州僅有一般性的體罰原則,有些州則制定了很明確的準則讓所屬學區遵循;而禁止體罰的州則是允許校方於必要時,得以使用合理的強制力保護自己和他人的人身安全或財產安全、阻斷鬥毆、維持秩序、奪取學生所持的武器或其他危險或受管制的物品。

（三）日本法則

日本在 1879 年就明白規定,若在教育上有其必要時,校長和教師可依相關規定對學生懲戒,但禁止體罰學生。並在 1948 年針對兒童懲戒權的範圍作更進一步的解釋,界定體罰分爲「侵害身體的懲戒」和「造成身體痛苦的懲戒」兩種,包括禁上廁所、誤餐過久等;同時規定不得禁止遲到的學生

進教室，但允許教師可為維護班上秩序而要求不守秩序的學生離開教室；又說明若有性行不良的學生妨害其他兒童之教育時，得告知其家長或監護人禁止該生出席，亦即暫時停學。

五、零體罰的運用

教育部所擬定的「學校訂定教師輔導與管教學生辦法」，其中先就「管教」、「處罰」、「體罰」等易於混淆之用語的意涵加以探究。其次，對管教（體罰）相關的法令規範，以及管教行為的適法性依據及範圍予以討論；並明文列出「教師違法處罰措施參考表」，包括「違法處罰之類型」與「違法處罰之行為態樣例示」，和「適當之正向管教措施」，包括「正向管教措施」與「例示」，將教師可以處罰的方式，以及禁止使用的處罰方式具體列出，提供教師在管教時參酌運用，讓教師能有所依循，避免誤觸法令，以達到零體罰的目的（蔡莉莉，2009）。

綜合上述，教師體罰學生的問題，不在於定多少法律（或規定），而在於應該瞭解教師體罰學生的主要原因，針對問題的癥結深入瞭解，提供教師解決處理學生問題行為的參考，才能真正落實零體罰的理想。

【焦點概念】零體罰與學生輔導

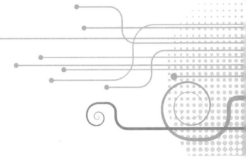

41 學校行政

　　學校行政的主要意義，在於對學校教學以外的事務作系統化的管理，以求有效而經濟地達成教育的目標（謝文全，2008）。有關學校行政的概念，簡要以下列幾個重要的概念說明之。

一、學校行政的意義

　　學校行政的意義，主要包括下列四個重要的意義：(1) 學校行政所處理的事務是學校教學以外的事；(2) 學校行政係對上述事務作系統化的整理；(3) 學校行政的目的在達成教育目標；(4) 學校行政應該兼顧有效及經濟的原則（謝文全，2008）。

　　依據上述的概念，學校行政主要用意在於達成教育目標，讓學校教育的發展可以循著正常的軌道，提供各種教育活動方面的支援。

二、學校教務行政

　　學校教務行政管理的事務，舉凡和教務有關的業務，都是屬於教務行政的範疇。一般學校教務行政的業務範圍，包括：(1) 課表的編排；(2) 學級的編制；(3) 學級管理；(4) 教學進度表與作業的調閱管理；(5) 學生成績的考查；(6) 圖書的管理；(7) 教學研究與觀摩。

三、學校訓導行政

　　學校訓導行政（或稱之學務行政）的管理，只要和訓導工作有關的業

歷史大事年表

● 1900	● 1930	● 1960
傳統理論時期	行為科學時期	特質理論發展時期

務，都是學校訓導行政的業務範圍。有關學校訓導行政的業務，包括：(1)學生始業指導；(2)導護工作；(3)輔導工作；(4)學生自治活動；(5)聯課活動；(6)班級經營管理；(7)校園安全事件管理；(8)校外教學安全；(9)學生獎懲；(10)訓導民主化與學生權；(11)衛生教育等。一般而言，學校的訓導工作很難和一般處室的工作劃分，因此，學校行政工作必須經常性地溝通和協商，甚至於合作。

四、學校總務行政

　　學校總務工作屬於學校後勤支援單位，舉凡學校行政、教學所需，都是總務行政服務的範圍。學校總務行政工作的範圍，一般包括：(1)文書處理；(2)公文收發製作；(3)學校檔案管理；(4)出納工作；(5)會計管理；(6)學校財務管理；(7)學校工程財物與勞務採購；(8)校園規劃；(9)校園美化綠化；(10)校園噪音防治；(11)其他有關總務工作事務等。

五、學校人事行政

　　學校人事和會計單位，通常是屬於學校行政獨立的單位，套用會計和人事的用語：「會計人事一條鞭」，可看出人事與會計業務的獨立性和自主性。一般學校的人事行政管理業務，只要和人有關的業務，都是人事單位的範疇。有關學校人事行政的業務範圍，包括：(1)教育專業化的標準；(2)學校人員之任用；(3)教師的權利與義務；(4)教職員的待遇與敘薪；(5)學校人員在職教育；(6)教職員工考核；(7)教職員工保險；(8)教職員工退休與資遣；(9)教職員工撫卹；(10)教職員工福利；(11)教師職員工作激勵等。

六、學校公共關係

　　學校公共關係負責的義務，主要在於幫助學校對外關係的建立，透過公共關係的建立，可以協助學校透過策略聯盟的方式，達成各種教育目標。在

探討學校公共關係時，在內容方面包括：(1) 學校公共關係的意義與目的；(2) 學校與社區關係的建立；(3) 社區服務工作；(4) 社區資源的運用；(5) 親職教育的實施；(6) 校內公共關係的營造等。

　　學校公共關係建立的目的，依據 Kindred 的觀念，包括：(1) 讓社會大眾明確地瞭解學校各方面的運作情形；(2) 爭取社會大眾對學校教育給予適當的經費支援；(3) 確定社會大眾對學校的看法及期望；(4) 激發民眾對提升學校教育的一分責任感；(5) 贏得民眾對教育人員及學校教育的善意、尊重與信心；(6) 實現民眾改革的需求及其他企圖，以促進社會的進步；(7) 讓民眾參與學校工作並解決學校教育問題；(8) 促進學校及社區的真誠合作，共同為改善社區生活而努力。

七、學校行政歷程

　　一般而言，學校行政歷程的運作，和一般行政的運作是大同小異的。學校行政歷程包括計畫、組織、溝通、領導及評鑑等階段，簡要說明如下（謝文全，2008）：

　　（一）計畫

　　學校行政的計畫階段，在要領方面包括計畫方法科學化、要讓成員及有關人員參與計畫之擬定、應兼做各種必要的計畫、內容要具有一貫性和一致性及可行性、做好的計畫要書面化、執行前要做好宣傳溝通工作。

　　（二）組織

　　學校行政的組織階段，應訂有組織目標、劃分部門實施專業分工、做階層分化實施層級節制、制定法規作為行為的基準、依情境作適度的分權、組織用人應才德兼顧、適當保障成員的任期與安定、建立書面檔案制度、重視組織變革與發展等原則。

　　（三）溝通

　　學校的溝通是交換訊息和意見的主要管道，在行政歷程的溝通方面，

原則包括平時建立溝通基礎、創造成員自動協調的條件、兼訴諸組織及收訊者的需要和利益、藉曉之以理等方法使訊息有說服力、媒介多樣化且明確易懂、溝通管道要普及而暢通、善用言詞或技巧維護對方的尊嚴、妥善的處理僵局等。

（四）領導

學校行政領導是一種科學，同時也是一種藝術。在學校行政領導方面，主要的要領包括：(1) 有目標意識並依行政三聯制來達成目標；(2) 能夠知人善任；(3) 注意鼓勵成員的工作士氣；(4) 在依法行事的基礎上以才德服人；(5) 兼顧組織目標達成及成員需要滿足；(6) 瞭解並善用非正式組織；(7) 在尊重人性的基礎上酌情權變；(8) 善用溝通以協調成員的看法與行動；(9) 發揮成功領導者的特質與行為。

（五）評鑑

學校行政在計畫執行與完成階段，領導者應該依據校務發展的需要，進行評鑑工作。在評鑑階段時，學校領導者應該要遵循下列要點：(1) 方法要科學化；(2) 過程要民主化；(3) 兼顧歷程與結果評鑑；(4) 兼做形成性與總結性評鑑；(5) 內部和外部評鑑兼用；(6) 注意評鑑項目的綜合性及整體性；(7) 注意評鑑後的追蹤改進。

八、學校行政發展與趨勢

學校行政是一種服務的工作，即服務教師與學生的工作。學校行政的發展，除了要兼顧組織機構的長期目標外，也應該兼顧人員的情感與感受問題，秉持著行政是一種服務的理念，將各種行政服務的精神和理想，落實在行政服務工作上，透過卓越、效能、服務、積極、溫馨的行政服務精神開展，達成預期的學校教育目標，即為行政服務的科學與藝術的結合。

【焦點概念】學校行政歷程

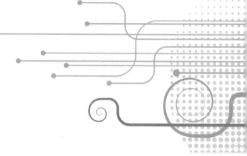

42 有效教學

　　有效教學（effective instruction）指的是教師如何有效教學，使學生在學習上成功、行為上具有優良的表現，以追求最好的教學活動實施、課程與教學實施、教學評量實施成效，塑造良好的班級氣氛，以進行教室成功的學習與有效的教學，達到預定的教育目標。

一、有效教學的意義

　　一般有效教學的意義，大部分包括下列幾個重要的內容：

　　（一）有效教學必須合規範性

　　有效教學是指教師在教學歷程中，能合認知性、合價值性、自願性等規準，並且能充分發揮傳道、授業、解惑的功能。

　　（二）有效教學必須有明確性

　　有效教學是指教師在教學歷程中，教學活動有系統、符合邏輯性、講述內容和目標清楚明確。教師能有效地應用教學的心理學原理，產生有效的教學，引導學生獲得有效的學習，進而達成預定的教學目標。

　　（三）有效教學必須是多樣性

　　有效教學必須符合教學活動本身的特性，以多樣性的活動和經驗呈現，並達成預期的教學目標。教師在教學歷程中，使用的教學活動、教學方法和教學內容應該富變化以及多采多姿。

　　（四）有效教學必須提升學習成功的比率

　　教學的最終目的是提升學習者的學習成就，並達成預定的教育目標。

歷史大事年表

1950	1960	1975
優良教師的研究	過程與結果的研究	教師思考研究

有效的教學是教師運用各種技術,如有效地教導教材的知識、有效地師生溝通、良好的教材組織能力、有效地激勵學習動機的能力、和藹可親的態度、良好的教室管理技巧等。

（五）有效教學必須是全心投入的

有效的教學是教師在教學歷程中,能適時地掌握教學的各種因素,如提示、參與、修正回饋、增強的教學效果大小。在從事教學工作時,能設定一些教學改進目標、實施檢討與反省、再實施等過程,以加強本身的教學能力。

（六）有效教學必須是任務取向的

有效教學是教師在教學的過程中,重視教學績效責任制,講求教學方法,熟悉各類教材,激勵關懷學生並追求教學的成效。在教學歷程中,教師的教學努力認真,關心並引導達成預期的學習目標。

二、有效教學的內涵

一般而言,有效教學的內涵包括教學前、中、後及教學相關因素的掌握等。

（一）教學前的思考與決定

指教師在教學前所從事的各項與教學有關的活動,包括教學的前導活動,教學計畫的擬定,對教材與教學活動的熟悉,各種教學流程的安排,如何計畫教學,教學計畫有哪些形式,從事哪些型態的計畫,思考的層面及依據何種模式或程序進行計畫活動等等。

（二）教學中的思考與決定

包括將教學計畫落實,說明教學單元目標,系統呈現教材,提供學生各種練習的機會和精熟的策略,運用多元教學策略,引起動機並集中學生的注意力,運用各種教學方法及媒體,掌握發問技巧等使教學活動達到預期的效果。

（三）教學後的思考與決定

指教師在教學結束後的反省思考活動，包括適度評量學生的學習成就，給予合理的期待並獎勵學習進步。效能教師在教學結束後，透過反省檢討教學得失並修正實際的教學活動。

（四）教學策略的運用

指教師在教學歷程中，有效地運用各種策略，增進教學效果及學生的學習成效。如增加學生的學習參與、教學過程流暢有效率、教學富結構及邏輯性、教學內容適度地轉化、重視學生的個別差異並加以因應。

（五）班級經營策略

指教師在教室生活中，有效地訂定各種常規、建立一套有制度的規則、有效地監控座位中的活動、提高學生的學習參與感、運用學科教學時間、隨機轉換各種教學技巧、連結新概念與舊經驗、轉化具體活動爲抽象活動等。

三、有效教學的特徵

（一）有效教學的特性

從相關的文獻中得知，有效教學的高低，會影響教師對教學目標的設定、教學活動的選擇、班級經營的方法、教學評量的方式、學生成就的期望、教師對教學的責任與付出，以及面對困難情境、挫折時能堅持的程度等。

（二）從相關研究論有效教學的特性

教師教學效能高低之差別，在於教師對於期能影響學生改變之期望高低。也就是說，高效能教師對自身及學生的肯定及期望都比較積極而有信心，願意提供學生更多的學習機會；相對的，低效能教師對教學工作及學生均持著消極的態度，與學生保持較大的距離而多挫折感，無法在教學歷程中發揮專業方面的知能。

（三）綜合論述

教師教學效能的高低，除影響教師對自身教學的知覺外，同時影響對教

學目標的設定、教學活動的選擇、班級經營的方法、教學評量的方法、學生成就的期望、教師對教學的責任與付出，及面對困難情境時是否採取專業知能加以因應。

四、有效教學的功能

有效教學的研究與討論具有相當多方面的功能，簡要說明論述如下：

（一）有效教學是評鑑教學成效的參考

教學效能內涵的探討，有助於瞭解教學效能所囊括的重要層面及其相關因素，對教師教學品質的分析與評鑑具有重要的啓示作用，從教學效能的建立，透過評量工具的發展，作爲教師教學成效評鑑的參考。

（二）有效教學是教師對自我教學能力信念的依據

教學效能高的教師，對自己的教學深具信心，相信本身有能力負起教師應有的責任，對複雜的教學情境擁有變通方案，全心全意投入教學，容易獲得教學上的成功。

（三）有效教學是教師自我實現需求的滿足

高效能的教師對學習者懷有較高的期望和責任感，且能積極參與各類學校的活動。教師在參與各類活動時，來自於內在的驅力和動機，使得教師不斷充分發揮自我的潛能。

（四）有效教學是對教育價值的肯定

教學效能高的教師本身認定自己所從事的教學工作是一種「價質性高」的工作，將教學工作認定爲教育生活的全部，對教學計畫、教學內容和教學效果，抱持期待的信念，以努力不懈的態度，認眞的教學，教學效果比一般教師佳。

（五）有效教學是教師影響學生學習成就的原動力

教學效能是教師影響學生成就的原動力，不僅是教師對自身教學的自我知覺，同時是決定學生成就的重要動力。因爲教師教學效能是指，教師對於

教學是否能增進學生學習成就的一種知覺，也是對自身教學是否能夠引導學生成功學習的專業判斷。

（六）有效教學是導引教師知覺到實際表現的中介變項

有效教學是教師對自己教學能力的知覺與信念，此種知覺與信念影響教師的教學行為取向。教學效能是一種教師對自身教學活動的知覺與期待，同時影響教師對學生學習的歸因。

（七）有效教學是鼓勵教師積極教學的動力

有效教學提供教師實際教學行為的目的感，使教師營造適當的學習情境，教師對教學所持有的信念和知覺，對教學效果有決定性的影響，使教師的教學活動更活絡。

（八）有效教學是穩定學校發展的功能

有效教學是學校教育重要的一環，同時是達成教育目標的重要策略。有效教學對學校的發展，具有穩定性的功能。教師效能與學校效能之間的關係極為密切，一所學校要提高其教育績效，必須先從教師教學績效著手，才是根本之道。

五、有效教學的研究取向

依據相關的文獻歸納（林進材，2002），一般分成六個主要的研究取向，簡要說明如下：

（一）教師有效教學的研究取向

教師有效教學的研究取向，重點在於探究教師自我效能高低與學習成就之間的關係，指出高效能教師必備的條件。從研究發展中得知，教師教學效能的高低，會影響學生學習成就。教師在教學歷程中，應該透過各種專業知能的發揮，提高教師教學效能，藉以提升學習者的學習態度與成就。

（二）教師教材組織與運用的研究取向

教師教材組織與運用的研究發展，重點在於探究教師在教材組織與呈現

方面，對學生學習的影響。研究歸納得知，教師在教材組織與運用方面的行為，影響學習者在學習上的表現。

（三）教師教學技術的研究取向

教師教學技術的研究取向，指出有效能教師在教學歷程中，能運用教學的科學精神與方法，激發學習者的學習動機，重視學習者的基本能力與學習特質，有效地增進學習效果，並達到預定的教學目標。

（四）學習時間運用的研究取向

學習時間運用的研究取向，重點在於探討在教學歷程中，時間因素對教師教學效能的影響程度，包括教師在教學時間的分配情形，以及學生在學習方面的時間因素。

（五）師生關係建立的研究取向

師生關係建立的研究取向，重點在於探討教師期望與學生學習成果之間的關係，以及其影響程度。研究內容包括教師教學方式與學生成就、教師期望與學生成就、教師行為表現與學生成就的關係。

（六）班級氣氛營造的研究取向

班級氣氛營造的研究取向，重點在於探討不同班級氣氛對學生學習的影響。高效能教師在班級生活中，善於營造各種有助於學習的氣氛，讓學生在各種班級氣氛中，激發學習的動機，增進對學習的內在驅力。

【焦點概念】教師效能與教學效能

43 教師專業成長

　　一般教師專業成長的意義，會和教師專業發展、教師專業能力等相關的概念連結在一起。其主要的用意在於說明，教師的工作和一般社會工商企業界的工作，具有相當大的差異性。有關教師專業成長的意義、必要性、內涵等，簡要說明如下。

一、教師專業成長的意義

　　1966 年秋天，聯合國教育、科學、文化組織（UNESCO）於法國巴黎召開「教師地位之政府間特別會議」（Special International Conference on the Status of Teachers），議決採納「關於教師地位之建議」，強調教師之專業性質，認為「教學應被視為是一種專業」（teaching should be regarded as a profession），小即：它是一種服務公眾的型態，它需要教師的專門知識和特殊才能，它需要從業者對於學生的教育及福祉產生一種個人的以及團體的責任感，這些都需要經過長期的努力才能獲得和維持。因此在此之後，視教師為專業已漸漸形成共識（何福田、羅瑞玉，1992：10）。

　　（一）教師專業成長

　　一般而言，教師專業成長的主要概念，係針對教師在教育系統中，執行各種與教育有關的業務，所需要的成長活動，都屬於教師專業成長的範疇（丁云淇，2009）。

　　1. 從歷程而言

　　從歷程而言，教師專業成長指的是教師在教學生涯中，因為各種專業的

歷史大事年表

1946	1955
辦理教師教學觀摩	成立教師教學研究會

需要，參與各種學習活動，以期能持續成長達到教育目標的連續性歷程。此種專業成長，具有階段性、持續互動，以及動態的學習過程。教師在教學、工作生涯中，從事任何能增進個人專業能力的活動，不斷追求知識、技能與態度成長或發展的歷程，以改善教學品質，提升教育的績效，藉此達到個人專業成長的目的，落實終生教育的發展歷程。

2. 從方式而言

一般而言，教師的專業成長在方式方面，涵蓋各種不同類型的活動，包括學校單位規劃的各種正式活動與非正式活動，以及教師平時從事自我研究進修、研讀與攻讀學位或學分，都可視爲教師專業成長。近幾年來，由於中小學教師在進修方面的需求大增，因此，師資培育大學會針對教師規劃各種有學位與進修學分的班別。

3. 從目的而言

教師專業成長的目的是爲了提升教師的專業能力，教師在專業領域中不斷追求知識、技能與態度成長或發展，以改善教學品質，提升教育的績效；且從事專業成長活動時，教師在專業知能與品德修養上皆能獲得增長的機會，以達成個人的自我實現及學校教育的教學目標。

（二）教師專業發展

教師「專業發展」（professional development）與「專業成長」（professional growth），多數時候用語同義，在相關文獻中常交替使用。教師專業發展的一項基本假設是：持續教師職業是一種專業性工作，教師是發展的個體，透過持續性專業學習與探究的歷程，進而不斷提升其專業表現與水準（饒見維，2003）。

傳統的教師專業發展模式，主要是以專家講課爲主，教師從聽講中學習新的教育觀念和模式。近幾年來，有關教師專業發展模式，已經慢慢轉而從批判反省中學習新的教育觀念。

二、教師專業成長的必要性

　　教師的教學工作，常被批評為「用過去的經驗，教導現代化的孩子，適應未來的生活」。尤其處在急遽變遷的社會中，科技日新月異，而知識的半衰期也隨之縮短，教育工作者必須不斷透過在職進修與專業成長的活動，獲取各項新知，始能有效因應社會的變遷。有關教師專業成長的必要性，簡要說明如下（丁云淇，2009）：

　　（一）教師生涯發展觀點

　　教師生涯發展是指教師於從事教職工作時，其個人特質、需求與時空條件交互作用，而使教職生活呈現出動態、彈性的發展過程。有關教師生涯發展的理論，可以將之區分為定期論（phase theory）、階段論（stage theory）與循環論（cycle theory）三種研究取向。

　　（二）從終生教育的觀點

　　教師專業成長乃為因應知識暴增所造成的課程不斷地編修及隨時需補充，教師為免於落伍，而且不同教師在不同生涯階段有不同的需求與價值觀，教師專業成長活動會有所不同。

　　（三）從教師角色的觀點

　　教師在面對多變的外界變遷時，本身應該要具備各方面教育方面的專業知能，包括熟習學校政策、班級經營策略、新教學技能、課程設計者、教育研究者、課程開發展等。因此，教師必須隨時進行專業方面的學習與成長，才能因應隨時變遷的外界教育環境。

三、教師專業成長的內涵

　　教師專業成長的內涵，依據相關的研究文獻，提出教師的工作內容具有相當程度的複雜性與變異性，因而在專業成長的內涵方面，必須針對學校教育上的需要。有關教師專業成長的內涵，丁云淇（2009）歸納相關研究，提

出表 43-1 的說明，供讀者參考。

表 43-1　教師專業成長的內涵

研究者	教學知能	教育知識	班級經營	輔導技能	人際溝通	專業態度	研究發展
陳奎熹（1990）	✓	✓					✓
李俊湖（1992）		✓		✓	✓	✓	✓
沈翠蓮（1994）	✓	✓	✓	✓	✓		
蔡培村等（1995）	✓	✓	✓	✓		✓	✓
張德銳（1996）	✓	✓	✓		✓		
饒見維（1997）	✓	✓	✓	✓	✓		
孫國華（1997）	✓	✓	✓	✓		✓	
白穗儀（1999）	✓	✓		✓	✓		
陳靜婉（2001）	✓	✓	✓	✓		✓	✓
高義展（2002）	✓				✓		
吳慧玲（2003）	✓	✓		✓	✓		
溫昇樺（2004）	✓	✓			✓	✓	
Phinny（1972）	✓	✓			✓	✓	✓
Shulman（1987）	✓	✓	✓				✓
Erffermeyer 與 Martary（1990）	✓	✓	✓		✓	✓	✓

　　綜上所述，教師專業發展的概念，在 1990 年代開始產生了典範的轉移（Sparks, 1994）。一體適用的傳統教師培訓方式，已無法滿足教師多元化的專業成長需求。今日的教師專業發展已轉向持續的、系統的、合作的、建構的、多元形式的、研究取向的、配合工作情境的、學生成果導向的方向進展。

【焦點概念】教師專業成長評鑑

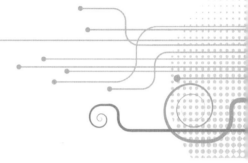

44 行動研究

　　行動研究旨在透過研究方法與策略，面對教育現場的問題，尋求理論與實際的結合，進而解決教育問題。

一、行動研究的意義

　　「行動研究」（action research）一詞是社會心理學家 Lewin 於 1940 年代提出的概念。行動研究是在社會情境（含教育情境）中，自我探究與省思的一種方式，參與者為校長、教師與學生等，目的在於發展社會或教育實務工作的正義與合理性，並協助研究者瞭解與有效的實施實務工作，這是較為被廣泛接受的觀點。Collier、Lewin 等人隨後針對行動研究的意義，延伸為是實際工作者以科學方法，研究他們自己的問題，以期對他們的決策和行動有所引導、改正並加以評價的過程；是指將科學研究者與實際工作者的智慧與能力，結合在一件合作事業上的方法。

二、行動研究的重要性

　　行動研究的流行，主要在於一般學術研究認為，傳統的理論無法有效地運用於實際的教育情境中，對於複雜的情境中所產生的問題，無法進行有效的處理和解決，因而會產生理論與實務方面的落差。例如，教師在教學現場中，對於教學活動實施產生的問題，無法運用各種理論中的策略與方法，立即性解決問題，必須採用行動研究發展教師專業方法，才能精進教學品質與改善實際問題。

歷史大事年表

1950	1960	1970
技術性行動研究	實踐性行動研究	

行動研究的實施，至少可以協助教師達到下列目的：

1. 能提高教學工作者面對實際情境問題的解決能力。

2. 提升教師專業知能。

3. 協助教師獲取「教學工作者即研究者」的專業地位（蔡清田，2000）。

教師行動研究的重要性，如 Hensen（1996）歸納提出，行動研究對於促進教師專業成長的重要性為幫助教師：

1. 發展與班級教學活動直接相關的有效知識。

2. 對教學行為反思。

3. 增進教學技能。

4. 能負起教學責任。

5. 連結教學實務和學生成就間的關聯性。

6. 對新觀念保有開放的態度。

7. 獲取對有效教學的掌控權。

三、採用行動研究法的原因

一般從事教育研究者採用行動研究法的主要原因，大略有下列幾點：

（一）解決教育現場的各種問題

行動研究的採用，主要是在教育現場中出現各種問題時，需要透過理論與實際方面的結合，針對問題性質與特徵，設計可以解決問題的各種方案，並且將方案付諸實現，透過幾次的修正之後，形成解決問題的方案。例如，小學教師在擔任班級導師時，發現學生的班級常規表現不佳，需要透過各種策略建立正式的常規，則可以運用行動研究法，作為建立正式班級常規的參考。

（二）檢視教育現場的各種方案

行動研究法的採用會依據教育現場發生的問題，分析問題並擬定有效的

解決策略,並且將各種解決問題的策略,在正式的教育現場中進行試用(或實驗),並且評估各種方案實施的成效,經過幾次的修正之後,形成改進教育的各種方案。

　　(三)促進研究者專業發展能力

　　行動研究法的採用,除了解決各種教育現場的問題之外,從事行動研究者可以從方案的擬定、實施、評估、評鑑等歷程中,強化本身該方面的專業能力,並提升自己的反省能力。例如,中小學教師在運用行動研究法,解決教學效能方面的問題,從行動方案的規劃設計與實施中,自身的教學能力必須隨之成長,才能配合解決實際的問題。

四、行動研究的特徵

　　依據蔡清田(2013)指出,行動研究的特徵如下:

　　1. 行動研究以解決問題為主要導向。

　　2. 從事行動研究的人員多為實際工作的人員。

　　3. 從事研究的人員就是應用研究結果的人員。

　　4. 行動研究的環境就是真實的工作環境。

　　5. 行動研究結合了對問題的「研究」與「解決」。

　　6. 行動研究有時需仰賴專家的協助,惟專家只是從旁指導。

　　7. 行動研究的過程採取共同計畫、執行與評鑑的方式進行。

　　8. 研究的問題或對象具有特殊性。

　　9. 行動研究關切實際情境中的特定問題,同時其研究的對象也是特定的某一群人,不必考慮其代表性。

　　10. 行動的計畫是屬於發展性的計畫。

　　11. 行動研究獲得的結論只應用在工作進行的場所,不作一般理論性的推論。

　　12. 行動研究的結果除了使現狀獲得改進之外,同時也使參與研究的實

際工作人員獲得專業的成長。

13. 評論行動研究的價值，側重於對實際情況所引發的改善程度，而不在於知識量增加的多少。

五、行動研究的歷程

行動研究的歷程，一般是在研究場域中欲探討的問題確認後，進行文獻蒐集與探討，再擬定研究行動流程及方案、研究對象、參與人員及所需資料後，接著在實施過程中，研究者進行自我檢視、與夥伴教師隨時討論，並透過相關資料作檢驗與省思，然後針對成果資料作分析與評鑑。行動研究歷程包括四大階段，依序為醞釀期、規劃設計期、實施期與反省評鑑期。

（一）研究醞釀期

此時期的重點在於研究者依據在教育現場所遇之實際問題，根據問題性質與需要，分析問題。例如，國小教師在初接一個三年級的新班級時，學生本身除了需要適應中年級的生活作息、學科變化等之外，在學校的時間甚長，其行為常規若能建立，便能更快適應較為繁重的中年級生活及穩定發展良好的品德與行為，因而確立了研究目的與方向。本期進行之內容含括：(1) 確認研究動機與問題；(2) 著手蒐集與探討相關文獻資料；(3) 研擬研究計畫與確立研究方法。

（二）規劃設計期

在研究者確定研究問題並進行訂定研究計畫、確認以行動研究法作為研究方法後，依據實際上的需要，規劃設計各種解決問題的方案。例如，國小教師要解決常規問題，可以依據研究目的、計畫及需要的支持與協助後，將班級常規的研究分成下列幾點：(1) 班級常規的建立與指導；(2) 班級常規的實施；(3) 班級常規之省視與修正。

（三）實施期

此時期的重點在於將各種規劃的方案，在教育現場中付諸實現。例如，

班級常規的行動研究，研究者在確立研究計畫後，在研究場域進行爲期 14 週的常規指導教學。此階段實施期間，研究者將透過錄音、拍照、觀察與教學日誌來蒐集資料與學生的回饋想法，並與夥伴教師討論、聽取建議，作爲檢討與調整修正之依據。因此，此期間進行的事項有：(1) 依照時程進行班級常規指導教學；(2) 進行實地觀察，並透過媒體器材蒐集教學現場資料；(3) 將資料作初步分析並與夥伴教師討論，同時調整、修正常規教學技巧與策略。

　　（四）反省評鑑期

　　此一時期的重點在於針對設計的方案，評估實施之後的成效，並分享研究者本身的專業成長情形。例如，在實施常規教學後，研究者將持續所蒐集到的所有書面與媒體資料，進行整理與分析，並邀請專家諮詢與指導，參與論文發表，進行研究的省思、檢討與評鑑成效，研究者依照其專家提供的建議、良方，不斷進行修正與調整後，正式確定方案的主要內容。

六、行動研究的實施

　　行動研究是一個持續循環、修正、檢視、評估的歷程，從事行動研究者需要一段長時間的投入、參與、評估等。行動研究爲實際場域工作者（教師），發現現場實際問題，成爲研究者，訂定研究主題、發展研究計畫，擬定可行的行動方案，在實施研究歷程中，循環反覆地進行實施、省思、修正、評鑑等階段，其特色也在於能容忍情境的變化與不斷接受檢視和修正，而強化了「行動」與「研究」的結合。

　　從圖 44-1 可以看出行動研究實施的循環歷程，蔡清田（2013）將實施行動研究歷程主要分爲以下五大階段：(1) 敘述關注問題；(2) 研擬可能解決問題的行動方案；(3) 尋求可能的合作對象；(4) 實施行動方案；(5) 評鑑和回饋。並將其行動研究視爲不斷反覆循環之歷程，而每個循環也許包含瞭解與分析一個需要改善的實務工作情境或等待解決的問題、系統化的擬定行動

策略用於改進實際工作現場或等待解決的問題、實施行動策略並評鑑其眞實
成效、再加以澄清產生的問題或新的實務情境，接著又進入下一個行動省思
循環中。

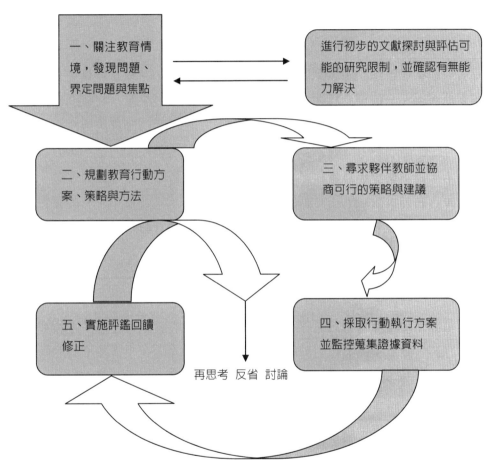

一、關注教育情境，發現問題、界定問題與焦點

進行初步的文獻探討與評估可能的研究限制，並確認有無能力解決

二、規劃教育行動方案、策略與方法

三、尋求夥伴教師並協商可行的策略與建議

五、實施評鑑回饋修正

四、採取行動執行方案並監控蒐集證據資料

再思考 反省 討論

圖 44-1　行動研究循環圖（蔡清田，2013）

【焦點概念】教育行動研究

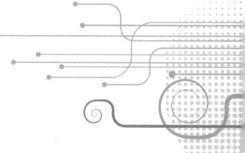

45 在職進修

　　一般在職進修的主要意義是指，一個人在工作中（或在職位中）爲了專業上的需要，而持續到相關的機關學習。以教育領域來說，在職進修指的是教師在職進修，或是公務人員的在職進修。例如，我國師資培育法規定，師資培育包括職前教育、實習及在職進修等三階段。就期間而言，職前教育長者四年，實習爲一年或半年，而在職進修則配合教師工作生涯長達數十年以上。健全的師資養成，不是靠四年的職前教育與一年（或半年）的實習就可完成，必須加上教師不斷的進修充實自我，才能提升教學品質。以下以教師在職進修爲例，略爲說明其主要的意涵。

一、在職進修的意義

　　有關教師在職進修的意義，國內外有相當多的文獻，進行學理和實務方面之探討。雖然不同文獻對於教師在職進修的意義，有相當多不同的觀點和說法，但是在職進修的意義，包括廣義和狹義兩方面。以廣義來說，包括三方面：

　　1. 教師個人的自我教育或自我成長，即教師自行研究、閱讀與新知吸收。

　　2. 教師參加學校舉辦的教學研究或教師進修活動。

　　3. 教師參加校外長期或短期的在職進修教育活動。

　　但是就狹義來看，教師在職進修教育應僅是指第三者，即由政府或有關學校機關所舉辦的校外教育專業進修活動而言，它是一種正式的、有計畫辦

歷史大事年表

1994	1996
通過「師資培育法」	教育部公布「高級中等以下學校及幼稚園教師在職進修辦法」和「教師進修研究獎勵辦法」

理的教育活動，並不包括非正式的個人自我成長活動。

透過上述意義的說明，教師在職進修的主要意義在於充實本職學能，強化教師專業能力，透過進修的方式提升專業方面的服務品質。教師在職進修既是教師的權利，亦是義務，是教師專業化的必要條件，爲維持教師之專業地位，需重視教師的在職進修，其在職進修任務在於提高教師教學的品質與效果。

二、在職進修的目的

有關教師在職進修的主要目的，高強華（1992）指出，教師進修之目的有下列十一項：

1. 爲現行及籌劃中的課程，維持適當的教學水準和教育品質。

2. 使教師具備充分的教學能力，以勝任教師的角色。

3. 鼓勵教師在教學歷程中能有所創新。

4. 鼓勵教師擴充知識領域，以提升學術上和專業上的成就。

5. 激發教師更換或發展新專長領域，促進課程與教學創新。

6. 協助教師發展對學生需要和學習經驗的瞭解，以及對學業和社會福祉的瞭解。

7. 協助教師瞭解學校結構、組織關係、行政管理之運作，使其在參與學校目標、政策與計畫時，扮演更適當的角色。

8. 增進學校組織溝通與人際互動的能力。

9. 增進個人教學工作的成長與滿足。

10. 鼓勵教師擴充工作經驗，變換角色與職務，增進生涯發展。

11. 鼓勵教師定期自我反省，檢討個人興趣之變遷、機會之選擇和發展進步的情形。

謝文全（1997）認爲教師在職進修之目的有下列四項：

1. 彌補職前教育的不足：職前教育所未學到的一些知識、技能與態度，

可能導致教學知能與專業精神之不足,而這種不足之處,即可透過在職進修彌補。

2. 提供學習新專長的機會:教師於職前教育所受的專長領域,可能在學校的實際教學情境中不敷使用。如教師兼任輔導教師、行政人員等,都可藉在職進修學到新的專長而更加勝任自己的工作。

3. 學習新知以適應變遷:社會變遷快速,知識暴增,教師必須透過在職進修學習新知能與新態度,以適應社會情境的變化,提高工作的品質。

4. 提升素質,增進工作效率:透過前述三個項目的達成,教師即可提升素質,進而增進工作的效率,改善生活的品質。

教師在職進修的目的,在於彌補職前教育的不足,配合社會變遷及知識暴增,透過進修的管道,提升教師專業素質,增進教師的專業知能與教學能力,吸收新的教學技巧,促成其教育專業的成長,並提升其教育熱忱,提供更好的教學給學生,使學生能接受更好的教育。

三、在職進修的功能

在職進修雖然具有相當多層面的功能,然教師在職進修的主要功能,在於為了保持高水準的教學,必須不斷接受教育,參與各種進修與訓練,以掌握新的資訊,熟練新的教學技能,才能提升專業素養與教育品質。在職進修的功能是改善教師教學知識和技巧,增進教師教育專業知能,增進教學效果,滿足教師心理需求,追求教師個人的自我實現(丁云淇,2009)。

Dale(1982)認為教師在職進修的功能為:(1) 改進技巧;(2) 實施課程;(3) 擴展學科知識;(4) 計畫與組織教學;(5) 提高個人效能。

綜合歸納教師在職進修的主要功能,包括下列幾項:

(一)促進教師專業成長

教師在職進修,有助於教師從師資培育單位畢業後,吸收新的教育理論與教育知識,強化教師專業成長能力,進而解決教育現場中的各種問題。

（二）激勵教師自我實現

教師透過在職進修活動，可以增進自己的智能，使自己在教學工作上能夠勝任愉快，進而激勵個人的自我實現。超越自我是個人成長的學習修鍊，透過在職進修，有助於個人追求不斷的學習，激勵教師對自我的超越。

（三）增進人際關係和諧與互動

教師參與在職進修活動，可以透過人與人的互動，增進專業的人際關係和諧與互動，反省自己的教學問題，進而透過人際互動，瞭解別人的優點，藉此激勵自己的工作士氣，提高教學工作表現。

（四）建立終生學習的概念

終生學習概念的養成，可以透過在職進修方式，引導教師瞭解教學生涯發展的重要性。教師為提高本身專業知能，應該參與在職進修，積極扮演終生學習者的角色，才能在瞬息萬變的社會，勝任教學生涯中的挑戰。。

（五）加速職業專業能力提升

教師職業專業能力的提升，對於現職教師具有相當正面積極的意義。教師參與在職進修，主要的實質目的是可以使職位晉級加薪，因此，國內目前各大學院校開設在職碩士專班，提供教師進修學習的場所，已成為教師參與在職進修的重要課題。

四、在職進修的重要性

對於現職教師而言，在職進修的效果比在師資培育單位的培訓重要，前者針對教育現場的問題，提供處方性的知識；後者針對成為教師必備的知能，提供理論方面的學習。在職進修比職前教育更能發揮功效，因為在知識及資訊日新月異的時代裡，只有持續不斷的在職教育與進修研習，才能使教師的教學歷久彌新、勝任愉快，因此，教師參與在職進修有其迫切的需求與重要性。有關教師在職進修的重要性，透過各種教育研究文獻，約可分成下列幾點（丁云淇，2009）：

（一）補充職前教育的不足

由於進入科技變化快速的社會，知識的進步速度往往超越想像，單憑職前教育課程所學，已不足以應付教師的專業需求；唯有繼續不斷的進修，才是達成教學成功的必要條件。

（二）培養教師專業知能

教師在職進修不僅攸關教師個人生涯發展與自我實現，且與教學品質、學生學習關係密切。教師必須站在學習者的角度去思考，並調整自己的教學方式與技巧。

（三）時代潮流的需求

教師要傳授的不僅是知識，更要培養學生具備適應生存的競爭能力，學習主動求知的精神，增加學生學習動機、自信與成就感，且具備帶得走的能力，充分發揮教育的功能。教師應不斷的進修學習、充實新知，才能面對社會所給予的期待及符合時代潮流的需求。

（四）規劃生涯發展

教師在教學生涯的過程中，會遭遇不同的性質問題，產生不同的認知興趣，發展不同的自我層次，同時受到社會角色的殷殷期望，因而在生涯結構與內容上，會因個人與環境互動有所差異。在職進修提供教師多元化的學習管道，讓現職的教師學習成長，做好角色管理上的特殊需求與自我定位，激起個人對經驗反省的動機，並積極尋求個人成長與潛能開發的機會，扮演更稱職的教師角色。

（五）培養成人教育理念

教師在職進修是成人教育之一環，教師在提升本身專業知能的同時，自當重視在職進修，積極扮演成為一位「學習者」與「研究者」的角色，不再只是傳道、授業、解惑者而已，更需要不斷的進修，擴大自己的知識領域。

（六）配合教育改革需求

教師工作是一個永續不斷的學習歷程，為提高教師專業程度，除了加強

與改進職前教育階段的功能外，持續不斷地教師專業成長，是教師教學成功的必要條件。而教師能不斷把握增進專業成長的在職進修機會，才能完成教育改革的社會化歷程。

五、在職進修的法源

世界各國教育改革都非常重視教師的在職進修教育，因為唯有良好的師資，才能培育優秀的下一代。過去臺灣師範教育的發展，主要係依據國民政府於 1932 年制定的「師範學校法」、1947 年修正公布的「師範學院規程」、1949 年的「大學法」及其他各相關法律及行政命令（陳奎熹，1982）。由於法出多源而無法凸顯師範教育的功能，直至 1979 年「師範教育法」公布施行之後，始為師範教育單獨立法，卻受批評為「一元閉鎖」。為因應社會的變遷及需求，政府於 1994 年通過「師資培育法」（1994 年 2 月 7 日公布施行，1997 年 4 月 23 日修正），臺灣的師資培育邁向多元開放，對於教師在職進修的重視亦顯現於法條中。1996 年，教育部根據「師資培育法」和「教師法」分別公布了「高級中等以下學校及幼稚園教師在職進修辦法」和「教師進修研究獎勵辦法」，使得我國教師在職進修有較完整的法令規定（鄭博真，2000）。此外，更於 1999 年 6 月 4 日通過「教育基本法」，成為臺灣的教育憲法。

【焦點概念】 教師進修辦法

46 班級經營

　　班級經營是學校教育系統中，每一位班級導師必須具備的專業知能。透過班級經營理念的實施和運作，可以讓班級生活順利的進行，學生在班級學習中獲得更有效的學習品質。班級經營在教師教學生涯中是相當重要的一環，班級經營雖被列爲教育專業中的技術層面（skill domain），實際上卻會影響教學活動實施的成敗，輕則影響教學活動的順暢，重則導致教師在教學中的挫折。

一、班級經營的重要

　　班級是一個複雜的小社會，同時是學校最基層的小團體，其組成要素爲教師、學生及環境。在此生態系統中，教師與學生循著某一特定的準則或慣例（routine），適當有效地處理班級中的人、事、物等各項要素，以發揮教與學的效果，達成教育目的。班級經營是教師在教學過程中，影響教學成效的主要因素。而班級經營的主要重點正是在於產生和維持教室情境，使教學依教師計畫有效地進行，如鼓勵良好行爲、培養師生關係、建立有益的團體行爲常模等管理活動。教師如果無法在教學前階段，進行有效的班級經營，那麼，教學活動就無法順利的進行。

　　不管是新手教師或專家教師，在生涯發展中，都必須針對班級經營，做專業方面不斷地成長與學習，透過經驗的傳承與銜接，汲取專業方面的能力，方能使專業能力回應外界對教育發展的期望，進而提升自己的專業知能，減少嘗試錯誤的機會，讓教學活動更順利。

歷史大事年表

1904	1912
創始期：Baldwin 代表	建立期：Kounin 代表

二、班級經營的內涵

班級經營的內涵可以包括：行政經營、班級環境經營、課程與教學經營、學生偏差行為的因應、常規管理經營、班級氣氛、時間的經營管理、班級訊息的處理等。

（一）行政經營

主要目的在於建立和維持班級的情境，在內容方面包括班級常規制定、座位安排、班級行事曆的擬定、每日例行工作之執行等。

（二）班級環境經營

包括心理環境和物理環境。心理環境指的是班級教室氣氛等無形的心理環境，物理環境指的是班級教室場所其相關的教學設施而言。

（三）課程與教學經營

課程與教學經營指的是班級活動的基本歷程與核心，攸關教學品質的良窳，以及擬定各種創意的教學活動計畫，以提升教學效果。

（四）學生偏差行為的因應

學生偏差行為的因應指的是學生偏差行為與暴力問題是班級經營的一大致命傷，教師應體察學生的心靈深處，走進學生內心世界，形成支援與支持系統。

（五）常規管理經營

班級常規管理經營，此套規則是由師生共同協商約定俗成的，用來配合教師教學或引導班級活動的進行，訂定學生教室生活的例行工作（routine）和班規（rules）。

（六）班級氣氛

班級氣氛在內容方面，指的是班級師生或學生同儕之間交互作用而形成的一種獨特氣氛。此種獨特的氣氛影響班級每一個成員的思想、信念、價值觀、態度、期望或行為模式等。

（七）時間的經營管理

指的是班級經營時，教師必須掌握時間的因素，瞭解多少時間做多少事的行為模式。時間管理又可分為教學時間的管理與學習時間的管理。

（八）班級訊息的處理

班級訊息的處理包括語言溝通和非語言溝通兩方面。語言溝通包括音量大小是否適中、說話速度快慢是否合宜、語彙使用難易是否恰當、發言是否清晰等；非語言溝通方面，包括手勢和表情的傳達是否吸引學生的注意力，以及教學者是否具有親和力。

三、班級經營的基礎

一般而言，班級經營的基礎包括五個重要的面向：

（一）認識學校與社區的發展和歷史

班級經營規劃與設計，必須配合學校過去歷史、現在特色與未來的發展，才能達到應有的效果。此外，還需要瞭解社區的成長與特色，才能有效掌握社區民眾對學校發展的期望，作為班級經營的參考。

（二）熟悉學校各單位的措施

學校的行政運作有固定的軌跡可循，行政人員的決策有其不同的考量，最後會落在教師身上。教師需對學校的行政運作及各單位的措施有相當程度的瞭解，甚至將學校的行政運作及各單位的措施，視之為班級經營的一部分。

（三）充分瞭解學生

學生是教學的主體，班級組成的重要分子。班級經營的成敗關鍵在於學生行為的表現，因而教師在班級中能否掌握學生、充分瞭解學生，遂成為班級經營的要件。

（四）建立良好的師生關係

班級是教師、學生與環境所組成的生態系統，教師與學生互動關係的建

立是良好班級經營的先決條件。師生良好關係的建立，有助於班級經營活動
的推展。

（五）良好的親師溝通

教師有權利也有義務讓家長走進教師的教學中，參與教師的班級經營活
動。因此，良好的親師溝通過程中，應讓家長瞭解學校教師的教育理念、對
學生的要求、教室中的作息、學生在學校的表現、教師的教學風格、希望家
長配合的地方等。

四、班級經營的模式

班級經營在學理方面，必須運用各種教育理論與方法，透過策略與方
法的引用，讓教師的班級經營更為順暢。班級經營的模式，包括行為改變
（behavior modification）、現實治療（reality therapy）、教師效能訓練
（teacher effectiveness）及獨斷訓練模式（assertive discipline）。茲分述如下：

（一）行為改變模式

行為改變模式主張對於個體行為需先明確界定有待改變的目標行為，其
次為評量該行為，分析行為改變的增強物，依據行為改變的原理，採取介入
措施，最後再評量行為改變情形。在此過程中，透過獎懲來增強或削弱目標
行為。行為改變模式的研究，通常採用所謂的「ABAB」設計，由研究者先
行評量行為的基準線（A），接著採取介入措施（B），其次停止介入以觀
察行為是否回到原來的基準線（A），然後再導入介入措施（B）。

行為改變技術模式強調班級經營應運用正、負增強，以維持學生良好行
為或去除不良行為以塑造新的行為等。

（二）現實治療模式

現實治療模式是由處理班級行為問題的控制論（control theory）發展而
來的，此理論的主要假定有三：一為當學生的需求獲得滿足時，則感到快樂，
如果學生未獲得滿足，則感到挫折；其次，由於很少給予學生滿足需求，因

而學生的工作不利，比較難實現其潛能；最後，學校必須營造能滿足學生需求的各種情境。現實治療模式的理論重點在於強調學習環境的營造，以迎合學生自身的需求，透過與環境互動到自我實現與快樂的經驗。

（三）教師效能訓練模式

效能訓練模式是衍自 Gordon 的有效親職訓練而來，其主要的假定有二：首先為學生的不當行為，可以透過各種途徑自我矯治；其次是透過師生間的溝通與對話，可以矯治學生的不當行為。教師效能訓練模式重視師生之間的溝通與對話，主張教師要積極傾聽學生的感受與觀念，並不斷回應學生的反應。透過師生相互間的對話，讓學生瞭解自身不當行為及問題行為的癥結及其可能產生的影響，並且讓學生學習解決自己的問題行為。

（四）獨斷訓練模式

獨斷訓練模式主張教師應該讓學生瞭解自己的期望，遵守期望與不遵守期望可能產生的後果。例如，教師要求學生必須遵守班級常規，否則需接受應有的懲罰。如果學生違背教師的期望，教師可能立即採取獨斷反應，要求學生接受行為的後果。因此，獨斷訓練模式的具體做法是由教師指導學生行為的方式，訂定明確可行的班級規則，並與學生相互溝通，讓學生明白班級的規則和限制。獨斷訓練模式的運用，通常必須配合教師期望與學生自我期望策略的運用，將班級生活中的各項規則與規範，作清楚明確的界定，讓學生瞭解行為所產生的後果。

五、班級經營的內涵

一般而言，班級管理的內涵包括級務管理、教學管理、環境管理、人際關係經營、常規管理、違規處理、獎懲運用等，所以，教師應該依據上述的內涵，擬定創意的班級經營策略，如此在班級經營時才能得心應手。此外，可善用班級人力資源，以達班級管理事半功倍之效。

（一）級務管理：運籌帷幄、決勝千里

級務管理是教師班級經營首要面對的項目，教師在接手新班級時，應該先瞭解班級學生的特性、班級的氣氛、班級的特性、班級次文化等，作為規劃班級級務的依據。

（二）教學管理：教學成功、大家輕鬆

教學活動是班級生活的重點，創意的班級教學需要教師發揮創意的專業能力，才能使教學活動的進行，吸引學生的注意力，激發學生在學習方面的興趣。教師如能掌握教學要領，隨時運用各種創意策略，學生對學習活動不再感到惶恐、緊張，則學習效果就會加倍。

（三）環境管理：資源有限、創意無窮

面對傳統教室的建築規劃，在擁擠的空間中如何發揮建築本身的教育功能，教師必須深入瞭解並集合各種資源。班級環境的管理在資源運用方面，需要教師運用學校的現有資源，結合班級家長、社區的無限資源，將資源引進班級生活中，才能活化學生的學習環境，提高學生對環境的吸引力。

（四）時間管理：掌握先機、分秒必爭

懂得運用時間的班級，教師與學生都可以從中受益，強化班級學生本身的向心力，同時可以加強教師與學生之間的互動關係。除了正式課程之外，可以安排具有班級特色或學校特色的課程。

（五）人際關係：你濃我濃、忒煞情多

人際關係的管理包括學生與教師之間的人際關係、教師與家長之間的人際關係、學生與同儕之間的人際關係、班際與班際之間的人際關係、班級與學校之間的人際關係、班級與社區之間的人際關係等。教師必須教導學生如何營造良好的人際關係，培養人與人之間的默契，營造班級與學校各個行政單位之間的良性互動，才能讓班級活動的進行，可以結合周遭的各種資源。

（六）常規管理：井然有序、動靜合宜

班級常規的擬定與管理，教師必須依據學生在身心方面的發展狀況，

結合教育心理學、發展心理學的發展階段任務特性，擬定比較適當的班級常規，作為管理學生的依據和參考。

（七）違規處理：及時處理、防範未然

在班級生活中常常出現反社會的行為，或出現違反班級規定的行為。教師在面對學生違規行為時，必須有一套管制的辦法，作為獎懲的依據。

（八）獎懲運用：獎善懲惡、增強效果

教師在班級經營中可以運用各種行為改變技術，作為因應措施。同時，明確地界定哪些行為是獎賞的標準，哪些行為是懲罰的依據。

班級經營是確保教師教學成功的關鍵，同時是確保學生學習效能的要領，每一位教師都應該熟悉班級經營的意義、內涵、要領、關鍵、技巧等，透過班級經營的實施，達成教育目標。

【焦點概念】班級經營的要領

筆記欄

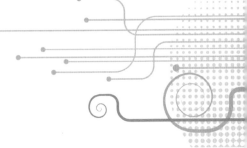

47 情緒教育

　　情緒是一種與生俱來的能力，同時受到後天環境的影響。相關的研究指出，個體如果情緒的控制不佳的話，會影響外在行為的表現。教育學者透過研究與理論探討，都深信情緒是可以透過教育改變的，情緒管理能力可以透過教育策略與方法的運用，培養高階良善的情緒管理能力。有關情緒教育的主要概念，簡要說明如下。

一、情緒教育的意義

　　情緒教育是一種有目的介入的融入式課程，主要有五大向度目標：覺察、辨識、表達、同理以及調適，其意涵為使學生能在不同的刺激中，覺察自身的情緒反應；辨識他人的情緒反應，理解個體間的差異性；認同情緒無對錯，並且學習適切地情緒表達方式；在覺察自己、辨識他人以及學習表達後，能夠設身處地的同理他人，進而接納彼此；最後調適自身以符應內外在的刺激，期能達成個體內的平衡，以較適切圓融的態度去面對生活（陳怡螢，2015）。

二、情緒教育的教學目標

　　有關情緒教育的教學目標，依據九年一貫課程的能力指標，有詳細的說明，請參見表47-1（陳怡螢，2015）。

表 47-1　健康與體育學習領域主題軸六：健康心理之內涵三分段能力指標及其補充說明

第四項基本能力—表達、溝通與分享		內涵三：壓力調適、情緒管理、有效溝通與問題解決等技巧，有助於行為的適應	
		分段能力指標	補充說明
	第一階段	6-1-4 認識情緒的表達及正確的處理方式。	1. 認識每一個人都有喜、怒、哀、樂、懼等不同的感受。 2. 能用健康的方法表達需求與感覺。 3. 藉由身體活動，體驗適當處理情緒的方法。 4. 分辨令人愉快和不愉快的情緒對個人及他人的影響。
	第二階段	6-2-4 學習有效的溝通技巧與理性的情緒表達，並認識壓力。	1. 分析想法對情緒的影響，學習理性的抒解情緒方式。 2. 能清楚與自信的表達需求與感覺，同時亦能敏銳的回應他人的需求與感覺。 3. 知道壓力的正、負向影響，並能建設性的處理壓力情境。 4. 說明同儕壓力對行為與健康選擇的影響。 5. 展現非暴力策略，例如，溝通、協商、感情表達等方式解決衝突。 6. 瞭解情緒、壓力與健康之間的關係，並運用問題解決的方法，來作有利身心健康的選擇。 7. 在體育活動中，以有效的溝通技巧與適宜情緒表達，解決人際互動之問題。
	第三階段	6-3-3 應用溝通技巧與理性情緒管理方式以增進人際關係。	1. 找出使情緒不佳的真正原因，例如，錯誤的想法、缺乏自信、遭受困境或挫敗等。 2. 能理性控制與抒解情緒，明瞭壓抑或過度發洩情緒對自己或他人的傷害。 3. 練習做決定的歷程、拒絕的技巧，並且應用到不同的情緒衝突問題，例如，避免校園暴力的發生。 4. 願意適度開放自我與別人分享。 5. 理解與練習有效溝通的技巧，並實際應用在與家人、朋友、異性、師長的相處。 6. 應用協商、解決爭執的技巧，以協調家庭、運動團隊、工作場所等團體之成員間不同的目的、能力與需求。 7. 明瞭透過網際網與他人溝通的優、缺點與應注意事項。

內涵三：壓力調適、情緒管理、有效溝通與問題解決等技巧，有助於行為的適應		
	分段能力指標	補充說明
第四項基本能力──表達、溝通與分享	第三階段 6-3-4 尋求資源並發展策略以調適人生各階段生活變動所造成的衝擊、壓力與疾病。	1. 明瞭情緒和壓力變化對身體免疫功能、生殖功能和疾病的影響。 2. 能運用技巧以調適自己的緊張、壓力與衝突。 3. 能預測人生各階段的權利、義務與角色功能，發展自己的期許與規劃。 4. 體會死亡的涵義與生命的可貴，學習面對親人的死亡，並避免自傷與自殺。 5. 協助遭受傷害、悲痛、災難、不幸的親人或朋友尋求有用的資源與服務。 6. 明瞭「異常行為」與「身心症」，並能採取具體的調適措施，避免無意義的消耗醫 資源。 7. 能透過放鬆肌肉的練習與規 運動以發洩情緒、調適壓力。 8. 在團體活動中，如遇不合理現象時，可按照程序提出申訴，以得到圓滿的解決。

三、情緒教育的實施型態

有關情緒教育的實施型態，不同的學者主張各有差異。例如，Dagley 認為情感教育的實施型態可分為兩種：一種是以班級輔導活動方式進行，由學校諮商員直接教導；另一種則是由教師直接輔導，輔導的全體人員提供資源與諮詢服務（陳怡螢，2015）。徐高鳳（1991）提到情緒教育的實施方式可粗略分為兩種：一種是大團體教學的型態，由班級導師或專任輔導教師在班級中施以情緒教育方案，或將情緒教育融入各科教學；另一種是小團體教學的型態，由輔導或諮商人員進行小團體輔導。黃珮貞（2008）則針對國小三年級的學生，在班級中進行情緒教育繪本教學課程。黃淑娟（2014）利

用綜合活動課，以兒童情緒繪本為媒材，進行情緒教育之研究，地點也是在班級中進行。

四、情緒教育的實施方法

情緒教育的實施方法，主要依據教學者不同的需求、特性和情境，選擇不同的教育方法。陳怡螢（2015）綜合相關的文獻指出，情緒教育的實施方法包括下列幾項：

（一）繪本教學

透過繪本的賞析，在潛移默化中，讓孩子投射於主角並產生認同，瞭解彼此的情緒差異性，讓孩子更認識情緒。

（二）欣賞討論

透過討論的方式，可讓孩子回憶自身的情緒經驗、相互分享情緒的感受與看法，以及討論各種情緒表達與調節方式，使孩子由主動思考和與同儕激盪想法中，學習情緒知能。

（三）活動教學

透過遊戲、戲劇演出、藝術創作等方式，來體現情緒較適切的因應方式。透過此類活動，孩子能對他人的情緒進行觀察、解釋與體驗，進一步瞭解他人的感覺、情緒、態度和想法等重要訊息。

（四）情緒札記

透過每次上課後的回饋與反省，更清楚理解當週的主題意涵，並利用文字，將所思所想記錄下來，以供未來回顧、覺知自己的改變。

五、情緒教育的實施策略

情緒教育的實施策略，一般依據教學活動的實施，分成認知、情意和技能策略，簡要說明如下（陳怡螢，2015）：

（一）認知策略

在閱讀繪本中，教導學生理解每個人情緒反應的差異性，並思索、辨別、選擇、思維、分析、歸納適切的策略以因應情緒事件，增進解決問題的能力，並且獲得較好的結果。

（二）情意策略

利用友善的環境，涵養學生的情緒感受，鼓勵學生勇於表達且同理他人的感受，發展學生全心投入與學習所需的信心和毅力。

（三）技能策略

透過繪本，帶領學生練習同理他人的方法及為自己建立一套放鬆情緒的方式，並且能實際展現策略在突發的情緒事件上。

六、情緒教育的應用

情緒教育的實施，並不是在學生的情緒狀況出現問題時，才透過學校輔導教學系統，實施情緒教育活動；而是在平時的教學活動進行時，必須透過各學科融入的方式，將情緒教育的內涵，融入課程與教學中，提供學生正確的情緒教育，教導學生面對自己的情緒狀況，提供學生良好的情緒管理策略。

筆記欄

48 創意教學

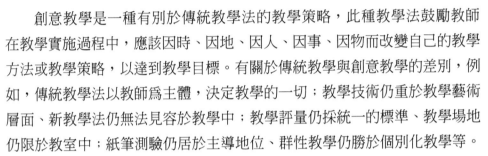

　　創意教學是一種有別於傳統教學法的教學策略，此種教學法鼓勵教師在教學實施過程中，應該因時、因地、因人、因事、因物而改變自己的教學方法或教學策略，以達到教學目標。有關於傳統教學與創意教學的差別，例如，傳統教學法以教師為主體，決定教學的一切；教學技術仍重於教學藝術層面、新教學法仍無法見容於教學中；教學評量仍採統一的標準、教學場地仍限於教室中；紙筆測驗仍居於主導地位、群性教學仍勝於個別化教學等。

　　創意教學不僅僅有別於傳統教學法，創意教學同時要求教師的教學活動，應該要針對學生、學校、家庭、社區等各方面的需要，調整教學法以符合各方面的需求。

一、創意教學的意涵

　　創意教學的意義是指教師在教學實施過程中，依據創造和思考發展的學理和原則，在教學中採取各種方法或策略，作為啟發學生的創造力、思考能力目標的一種歷程（林進材，2010）。創意教學法的採用，不限定於某一種特定的教學方法，而是教師針對學科性質、學習者的需要，融合各種創造思考的原理原則，而設計的教學活動歷程。

　　創造思考教學至少應該包含兩種層面的意義：第一，代表教師教學活動本身的改變，從課程與教學設計的觀點分析，創意教學是教師從教學活動中，作策略、方法、內容、方式的調整；第二，代表學生學習內容的改變，從學生學習策略、內容、方式調整教學活動（林進材，2012）。

二、創意教學的特質

創意教學和一般傳統的教學實施，不管學理基礎、教學方法、教學策略等，都有不同之處。它是奠基於教師對於教學本身需要改變之處，以各種適合學生身心發展的策略，激發學生的學習興趣、學習動機、學習特質等，希望達到預定的教學目標。創意教學的特質包括下列幾點：(1) 重視學生思考能力的培養；(2) 自由輕鬆的學習氣氛；(3) 高層次認知能力的培養；(4) 強調學生的個別差異；(5) 重視自動自發的學習態度；(6) 激發學生的學習潛能。

創意教學的實施，需要從事教學者的教師，發揮教學專業能力，從課程與教學內容的改變到教學活動的計畫等，針對創意教學的特質，進行實質上的教學改變。

三、創意教學的原則

創意教學的實施，不管在中小學教育或是不同學科進行時，有一些基本的原則可以作為參考（林進材，2010）：

1. 支持學生不同的反應與回答，容許學生提出獨特的意見和想法。
2. 接納學生的錯誤及失敗，引導學生從錯誤中學習成長。
3. 適應學生的個別差異，尊重學生的興趣和各種想法。
4. 提供學生思考的時間，引導學生做充分的思考並提出自己的作品。
5. 營造相互尊重接納的氣氛，避免各種獨斷的價值判斷與批判。
6. 察覺創造的多層面，重視情意態度的培養。
7. 鼓勵課外的學習活動，對於有興趣的事物做進一步探究。
8. 重視傾聽與接納，接納學生的反應並與學生進行討論。
9. 強調學生的學習決定，讓學生在學習歷程中具有決定權。
10. 鼓勵學生參與各種活動，並針對活動提出自己的觀點和想法。

四、創意教學的應用

一般而言，創意教學的應用，可以從課程與教學的內涵和形式，作各方面的改變，才能在創意教學上收到預期的效果。創意教學的應用包括五個層面的改變：

（一）教師教學觀念的調整

創意教學的應用，首要教師本身在觀念的改變，作適當的調整，摒除傳統各種有礙創造思考教學的因素，以開放的心胸接納新穎的教學理念，嘗試各種創意的教學策略，激發學生在學習上的好奇心與興趣。

（二）課程與教學內容的改變

教師在教學歷程中，專業能力的開展來自於對課程與教學的熟悉，同時透過各種方式，將形式課程轉化為學生可以理解的實質課程。因此，創意教學在課程與教學內容方面，以不改變原理原則與知識結構為主，採用多元的策略，提高學生的學習參與。

（三）教學方法的改變

創意教學的實施重點在於教師交相運用各種教學法，有效達到教學目標。因此，在教學法的運用方面，教師必須針對教學歷程中的各種需求，衡量課程與教學本身的特性，採用適當的教學。在教學方法方面，必須作各種調整，提高學習效果。

（四）教學科目的融合調整

創意教學強調學科與學科之間的相互調整與融合，如在語文教學中融入數學的概念，在自然與生活科技中融入人文精神等。因此，教師在實施創意教學時，必須以統整課程的理念，將各學科之間的知識結構、內容知識、原理原則，作有效的整合，以學科融合方式，提供學生各種創意的學習。

（五）教學場所的改變

傳統的教學將學習侷限於固定的場所，教室成為學習唯一且重要的場所。創意教學在場所的規劃方面，強調學習無國界、學習不限場地、學習不

限方式、學習不限途徑的理念。

五、創意教學的程序

創意教學的實施，其實和一般傳統教學的實施是一樣的。不過，創意教學的實施程序包括五個重要的程序：

（一）選擇適當的問題

教師在進行腦力激盪前，應該針對學生的學習內容，擬定或選擇適當的問題，提供學生進行創造思考以尋求解決的方案。學習問題在擬定之後，教師應該事先讓學生瞭解，以便提早蒐集資料，並作各種學習上的準備。

（二）組成腦力激盪小組

教師將各類問題揭示之後，將學生依照學習性質分成學習小組，在人數方面，每小組人數至少五至六人，以十至十二人為理想。小組成員以男女混合為原則，以不同的性別提出各種想法。小組組成之後，由教師或學生互選一名比較有經驗者擔任小組負責人。

（三）說明應該遵守規則

在腦力激盪教學實施時，教師應該要向學生說明應該要遵守的規則，例如，不批評他人的構想、成員提出的構想愈多愈好、小組成員盡可能提出不同的構想等。

（四）進行腦力激盪

腦力激盪活動進行時，主持人必須將所要解決的問題重新再敘述一遍，或是將問題寫在黑板上，讓小組成員能隨時注意問題，使學習不至於偏離主題。每個學習者在提出新構想時，主持人要將構想記錄下來，並適時地進行編號，將所有構想統整起來，作為討論的參考。

（五）評估各類構想

進行腦力激盪時，學生提出各類新的構想，教師必須指導經由評估找出好的構想。評估的方式由全體成員進行評估，教師或主持人將整理歸納的新

構想列一清單，讓每一位成員瞭解，並選出最有價值的構想。主持人在評估活動結束時，依票選結果選出較佳構想，供大家參考。

六、創意教學應注意事項

創意教學的實施與一般教學的差異性相當大，因此，教師在使用時必須瞭解注意事項，作正面的引導，才能發揮創意教學應有的成效。一般創意教學應該注意事項，包括學習指導和發問技巧方面。

（一）學習指導方面

1. 教師應該多提一些開放性問題，避免單一答案或固定答案的問題。

2. 教師在處理學生問題或回答問題時，應該儘量接納學生不同的意見，減少作假設性的判斷。

3. 教師對學生的錯誤經驗，應該避免指責，以免學生喪失自信心或因而退縮。

4. 教師在指導學生從事腦力激盪時，要注意運用集體思考型態，引發連鎖性反應，以引導出具有創意性的結論。

（二）發問技巧方面

1. 多提或設計增進學生「比較」能力的問題或情境。

2. 多提或設計增進學生「分析」能力的問題或情境。

3. 多提或設計增進學生「想像」能力的問題或情境。

4. 多提或設計增進學生「綜合」能力的問題或情境。

創意教學的實施，在中小學教育場所中，是一般教師比較不會採用的教學方法，主要原因在於中小學的教學負擔重，教師準備創意教學需要比較多的時間，並且考量實際的教學需要，因而比較少被採用。教師在採用創意教學時，必須先將學生要學習的科目、課程內容、原理原則、學習素材預先作整理，以問題形式呈現出來，設計各種問題解決的教學情境，激發學生的學習參與。

【焦點概念】創意教學融入

筆記欄

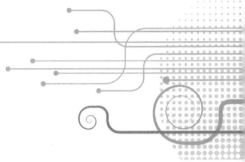

49 親職教育

親職教育主要的目的，在於透過各種學理和實際問題的探討，瞭解變遷社會中親職教育的重要性，透過親職教育理論與方法的研討，提供現代化家庭解決親職關係的各種有效策略。

一、親職教育的重要性

親職教育的重要性，如同美國精神醫師和教育家 Dreikurs 認為，就像孩子需要訓練一樣，父母也需要再教育，需要學習對孩子各種行為有新的反應方式及應付之道，如此才能培養出新態度和與孩子相處之道；然而，現代的父母卻很少有機會接受一系列完整的親職教育課程或訓練（鐘思嘉，1996）。

父母效能訓練的創始人 Gordon 提出，父母常因為子女的不良行為而受到指責和要求，但是父母本身並沒有足夠的機會接受教導子女方法的訓練。親職教育的主要目的在於提供父母一些合理而有效的方法，協助現代父母教養子女，以預防和減少孩子適應問題的發生（鐘思嘉，1996）。

上述的論述，說明親職教育本身的意義，以及對現代化父母的重要性。實施親職教育主要的目的，在於教育父母瞭解自己、認識孩子、提供教養的策略與方法。此外，親職教育主要目的，也在於教育父母學習認識對子女各種新行為本身的意義，進而培養新的反應與應付之道，透過面對子女成長中各種問題的深入瞭解，以預防各種事件的發生。

歷史大事年表

1950	1960	1970
親職教育研究	子女教養理念、方法之研究	教養方式與兒童行為之研究

二、親職教育的內涵

親職教育的實施，主要用意在於提供父母教養子女的策略與方法，引導父母透過合理的方法與策略，作為管教子女與教育子女的參考。一般親職教育實施的內涵，包括下列幾個重要的議題（鐘思嘉，1996）：

（一）瞭解孩子的成長

瞭解孩子的成長議題，一般包括孩子的社會興趣問題、家庭星座、生活型態問題等，進而提供作為親職教育實施的參考。

（二）瞭解孩子行為的目的

瞭解孩子行為的目的，主要議題在於探討兒童的行為目的、行為目的變化與導正、青少年的行為目的等議題，透過對孩子行為目的的探討，引導現代化的父母，瞭解孩子外在行為的目的，進而思考如何處理孩子的問題行為。

（三）提供親子溝通的方法

親子溝通方法的運用，在現代化家庭中是一門重要的課題。在探討親子溝通的課題時，通常包括溝通的障礙、反應傾聽的技術、孩子有話不說的成因等方面議題的探討，提供父母有效親子溝通的方法。

（四）親子溝通的表達

親子溝通的表達，主要目的在於探討親子溝通的各種問題，包括如何運用「我」的訊息、問題所有權的概念和運用、有效的親子溝通等問題，透過問題的分析與學理的驗證，提供父母親瞭解怎樣的親子溝通比較合理民主。

（五）如何鼓勵孩子

如何鼓勵孩子，對於現代化的父母而言，是一個很重要的挑戰。在如何鼓勵孩子的議題方面，親職教育提供鼓勵的意義、鼓勵的原則、鼓勵的策略等方面的訊息，讓現代化的父母在親子溝通方面，不至於盲目和盲從。

（六）自然與合理的行為結果

在自然與行為後果的合理方面，親職教育提供父母瞭解行為結果的意義、行為結果的誤用、運用行為結果的範例等資訊，讓父母瞭解孩子的外在行為本身的意義和親職教養的參考之道。

（七）家庭會議

家庭會議的召開，提供親職之間溝通的主要管道，同時是宣示家庭工作與職責的時機。親職教育的實施，提供家庭會議的召開、家庭會議的進行、有效的家庭會議建議方式，讓父母和孩子瞭解家庭生活需要協商之處。

（八）孩子的心理遊戲

父母和孩子的相處，需要彼此瞭解對方的想法，尤其是父母要能瞭解孩子的心理遊戲。親職教育孩子的心理遊戲，包括孩子每天的挑戰、孩子玩的把戲、孩子耍的絕活等方面的研究，透過這些心理遊戲解讀其本身所代表的意義。

（九）孩子的行為問題

一般孩子的行為問題，包括孩子的人際關係、孩子在學校的行為、特殊的行為問題等方面。如果父母可以透過對孩子行為的瞭解，才能在親子互動時，適時地提供孩子各種成長方面的建議，引導孩子正向的發展。

（十）孩子的生活世界

社會變遷中的親職教育，延伸的金錢教育、三代之間相處、生涯教育等方面的議題，需要現代化的父母積極面對。

（十一）民主的親職教育

在民主的親職教育方面，包括培養孩子的責任感、面對管教的挑戰、創造民主的家庭等方面的積極努力，父母要能在家庭生活中，培養民主的親職教育素養，提供優質的家庭生活環境。

三、親職教育的方法

親職教育的方法，一般從學理方面，可以分成幾種方法：

（一）初級預防的親職教育

初級預防（primary prevention）是指在孩子問題與親子衝突尚未發生之前所作的預防工作。一般初級親職教育預防的目的，在於防範問題於未然，因此以初級預防為重點的親職教育，其招生對象是一般身心功能健康、親子關係以及家庭功能良好的父母。

（二）次級預防的親職教育

次級預防（secondary prevention）是指在孩子問題與親子衝突發生之後所作的努力，其主要的目的在於早期發現、早期解決，避免問題的惡化。對於父母與子女經常彼此抱怨，所需要的親職教育便是屬於次級預防的親職教育。

（三）三級預防的親職教育

三級預防（tertiary prevention）是指對有嚴重親子問題和子女問題的家庭所作的努力，其目的在於減少身心功能的喪失。有些家庭由於嚴重的親子衝突和子女問題，導致家庭暴力、心理疾病、兒童虐待、犯罪坐牢，以及妻離子散。對於這些家庭，親職教育的初級與次級預防工作，已經無法有效地給予幫助，他們最需要的是以三級預防為目標的親職教育。

四、親職教育的研究

一般親職教育的研究，主要的方法在於運用社會科學的研究法（例如，問卷調查法、個案研究法、訪談法、觀察法、焦點團體諮商法等），結合理論與實際分析親職教育所面臨的各種問題，提出處方性的親職教養策略與方法方面的建議。有些親職教育的研究具有針對性，例如，問題家庭方面的研究；有些親職教育的研究室具有處方性，例如，針對親職互動溝通有問題的

家庭，進行溝通方式的瞭解，並提出解決的方案等。

五、親職教育的實施

社會快速變遷，導致家庭型態的改變，以及親子互動之間的多元。只要有家庭的成立，就需要實施親職教育。親職教育的實施，主要目的在於提供現代化父母在面對親職關係時，如何合理的運用各種方法與策略，解決各種親職方面的問題。實施親職教育不但具有處方性的作用，同時具有積極性的作用，透過親職教育的實施，有助於解決各種親職方面的問題，建立和諧多元、溫馨民主的家庭生活模式。

筆記欄

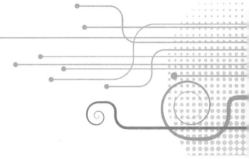

50 海洋教育

　　由於臺灣特有的海洋環境與民生需求，海洋專業教育乃受到必要的重視。自 1970 年代起，教育部配合產業經濟發展與國際接軌，即有計畫地發展海洋專業教育，於 1980 年代達到高峰，1980 年代末後，隨著教育自由化趨勢，在自由競爭下逐漸縮小規模，而民間海事人才培訓則相對逐漸擴展。

　　《海洋教育政策白皮書》為我國首度標舉以海洋為核心之教育政策文書，其政策意旨係立足於強化各級學校學生之海洋素質基礎上，以培育產業界所需優質人才為主軸，架構共分五章：首先敘明國際與我國的海洋政策及發展趨勢；其次闡述並分析海洋教育的環境與現況；第三章討論當前推展海洋教育之問題；第四章整合提出我國海洋教育的政策理念及政策目標；第五章則敘明我國海洋教育策略目標及規劃具體策略。期透過整體政策的架構，完成我國海洋教育藍圖的整合性布局。

　　海洋教育的實施理念，源自於臺灣是一個四面環海的國家，因此，國民必須對於海洋有充分的認知、理解，透過教育活動的實施，可以培養善用海洋的能力。有關海洋教育的概念，簡要說明如下。

一、海洋教育的基本理念

　　海洋教育的實施，主要是基於下列基本的理念（取自教育部 WiKi 網頁）：

　　（一）由對海洋的認知到理解與珍惜

　　由於臺灣是一個四面環海的國家，因此希望透過海洋教育，能培養國民

歷史大事年表

● 2004	● 2007
教育部推動與規劃中小學海洋教育	教育部頒布「海洋教育政策白皮書」

具備充分認知海洋、善用海洋的能力。海洋教育應強化對整體自然環境的尊重及相容並蓄的「海陸平衡」思維，將教育政策延伸向海洋，讓全體國民能以臺灣為立足點，並有能力分享珍惜全球海洋所賦予人類的寶貴資源。

（二）塑造「親海、愛海、知海」的教育情境

透過海洋教育的設計規劃與實施，能夠從教育系統中，塑造「親海、愛海、知海」的教育情境，提供學生在學校教育中，有機會瞭解海洋的存在、意義、運用等，從親海到愛海到知海，進而培育運用海洋資源的基本技能和情感。

（三）國民應具備充分認知海洋、善用海洋的能力

海洋教育的實施，奠基於希望國民應該具備充分認知海洋、進而善用海洋的能力。

（四）涵養學生的海洋通識素養為主軸

希望透過海洋教育的實施，可以涵養學生的海洋通識素養為主軸，進而奠立海洋臺灣的深厚基礎。

二、海洋教育中小學的課程目標

從海洋出發，教育國民中小學學生海洋相關的基本知識，培養對生命、自然環境的尊重，發揚海洋民族優質的特性，並塑造海洋人文、藝術的文化。有關中小學分階段具體目標如下：

（一）國小低年級具體目標

1. 喜歡親水活動，並重視親水的安全性。
2. 喜愛閱讀並分享海洋的故事。
3. 認識水的特性及其與生活的關係。
4. 瞭解河流或海洋環境保護與生活的關係。

（二）國小中年級具體目標

1. 具備游泳基本技能，並分享親水活動的樂趣。

2008

教育部公告「中小學海洋教育課程綱要」

2. 瞭解家鄉的水產相關職業。

3. 欣賞海洋文學與藝術作品，認識海洋民俗活動或信仰，並嘗試創作海洋文學、藝術作品。

4. 認識常見的海洋生物。

5. 瞭解家鄉常見的河流或海洋資源及其保育方法。

（三）國小高年級具體目標

1. 熟練游泳基本技能。

2. 瞭解臺灣海洋資源開發的概況。

3. 瞭解臺灣海洋文化，並領略海洋冒險、進取的精神。

4. 瞭解海洋自然科學的基礎知識。

5. 瞭解臺灣基本的河流與海洋資源，並積極參與海洋環保活動。

6. 涵養熱愛海洋情操與增進探索海洋知識的興趣。

（四）國中具體目標

1. 熟練水域求生技能，並從事水域休閒運動。

2. 瞭解海洋產業的結構與發展，以及主要海洋法規與海域主權。

3. 比較臺灣與其他國家海洋文化的差異。

4. 具備海洋自然科學的基礎知識及瞭解海洋科技發展。

5. 認識常見的海洋資源與可再開發的再生資源。

6. 涵養人與海洋和諧共處的價值觀，培養熱愛家鄉、熱愛海洋的思想情感。

三、中小學海洋教育的參考架構

目前臺灣的海洋教育，在中小學的課程中，主要包括海洋休閒、海洋社會、海洋文化、海洋科學與海洋資源等五個主題軸。有關中小學海洋教育的參考架構，如表 50-1 所示。

表 50-1 中小學海洋教育的參考架構

主題軸	細類
海洋休閒	・水域休閒 ・海洋生態旅遊
海洋社會	・海洋經濟活動 ・海洋法政
海洋文化	・海洋歷史 ・海洋文學 ・海洋藝術 ・海洋民俗信仰與祭典
海洋科學	・海洋物理與化學 ・海洋地理地質 ・海洋氣象 ・海洋應用科學
海洋資源	・海洋食品 ・生物資源 ・非生物資源 ・環境保護與生態保育

四、中小學海洋教育學習內容

由於海洋教育逐漸受到國內教育界的重視，教育部公布《海洋教育政策白皮書》，在相關的政策中，將海洋教育納入中小學重要學習議題。有關中小學海洋教育學習內容，詳如表 50-2。

表 50-2　中小學海洋教育學習內容

主題軸	學習內涵	建議融入之學習領域
海洋休閒	(1) 喜歡親水活動，瞭解並重視其安全性。 (2) 學會至少一種游泳方式，並能以正確姿勢換氣游泳。 (3) 具備從事水域休閒運動的相關知識與技能。 (4) 參與海洋的休閒活動，熟練海洋求生技能。 (5) 瞭解沿海或河岸的環境與居民生活方式。 (6) 認識、參與安全的海洋生態旅遊。	社會、自然與生活科技、健康與體育、綜合活動、生活
海洋社會	(1) 認識家鄉或鄰近的水產相關職業。 (2) 瞭解臺灣海洋資源開發的概況。 (3) 體認臺灣是海洋國家，並強化臺灣海洋主權的意識。 (4) 瞭解與日常生活相關的主要海洋法規。 (5) 瞭解海洋各級產業（例如，水產、工程、運輸、能源、旅遊等）的結構與發展。	健康與體育、社會、自然與生活科技
海洋文化	(1) 體認家鄉或鄰近水域變遷與生活的關係。 (2) 認識臺灣開拓史與海洋的關係。 (3) 瞭解臺灣歷史變遷與世界海運發展的關係。 (4) 瞭解臺灣海洋文化，並領略海洋冒險、進取的精神。 (5) 涵養熱愛海洋情操與增進探索海洋知識的興趣。 (6) 比較臺灣與其他國家海洋文化的差異。 (7) 能運用媒材與形式，從事以海洋為主題的藝術表現。 (8) 瞭解與海洋有關的民俗故事活動。 (9) 探索海洋民俗信仰與祭典之意義，及其與社會發展之關係。	語文（國語文）、藝術與人文、生活、社會、綜合活動、自然與生活科技、健康與體育
海洋科學	(1) 瞭解水的特性及其與生活的關係。 (2) 覺察河水、海水產生的各種現象。 (3) 瞭解海流的作用、海嘯及潮汐現象對生活與環境的影響。	社會、自然與生活科技、綜合活動、生活

主題軸	學習內涵	建議融入之學習領域
	(4) 具備海洋自然科學的基礎知識及瞭解海洋科技發展。 (5) 認識臺灣海岸地形景觀的特色與成因。 (6) 瞭解氣候變化及颱風對生活的影響。 (7) 分析海洋氣候、氣象、海象及其對生活環境和生活方式的影響。 (8) 認識海洋相關應用科學，例如，海水淡化、船舶、發電、礦產等。	
海洋資源	(1) 瞭解生活中的水產食物。 (2) 透過品嘗不同水產，瞭解海洋飲食文化。 (3) 瞭解河流或海洋環境保護與生活的關係。 (4) 瞭解家鄉常見的河流或海洋資源及其保育方法。 (5) 瞭解海洋生物資源之種類、用途與永續發展。 (6) 瞭解海洋非生物資源之種類與應用，探討非生物資源的開發與生態的平衡。 (7) 瞭解臺灣基本的河流與海洋資源，並積極參與海洋環保活動。 (8) 瞭解海洋環境保護與永續發展的重要性，珍惜生物與非生物資源。	社會、自然與生活科技、健康與體育、綜合活動、生活

五、高級中等以上學校海洋知能教育

　　在普通高中的現行課程暫行綱要內，已將海洋議題納入相關必修科目內容中，例如，「基礎地球科學」課程中的「大氣與海洋的觀測」、「大氣與海洋的成分與結構」、「大氣與海水的變動」等海洋相關主題，總授課時數為 10 節；在「地球與環境」課程中，計有「地球環境的探索」、「地球環境與特徵」等兩大主題，總授課節數約為 5 節；在「地理」課程中，計有「地

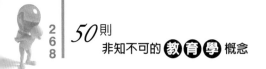

形」、「氣候與水文」等單元，授課節數約為 4 節；在「基礎生物」、「基礎化學」之課程中，計有「生物與環境」、「自然界的物質」等單元，共計授課節數約為 3 節。合計上開課程與海洋相關之授課主題，在普通高中新課程中約占 22 節課，對高中的海洋教育提供了必要的基本概念。除了上述必修科目外，學校亦得視需要開設海洋教育相關的選修科目。

在非海事類職業學校的課程暫行綱要內，其一般及專業必修科目並未列有海洋相關科目，但學校得視學校本位特色發展需要，開設海洋相關校訂必選科目。在「化學」課程中與海洋相關的單元主題有「自然界的物質」，授課節數為 4 至 6 節；「生物」科目的「生物與環境」，授課節數為 3 至 6 節；「地理」科目的「地形」，授課節數為 3 節，「氣候與水文」授課節數為 4 節；「環境科學概論」科目的「自然生態」，授課節數為 4 節，「水資源及其利用與保護」授課節數為 4 節等。

在綜合高級中學暫行綱要部分，其第一學年一般科目中與「海洋」相關之課程，計有「生物」科目的「生物與環境」，授課節數為 5 至 6 節；「地理」科目的「地形」、「氣候與水文」，授課節數各為 4 節；「環境科學概論」科目的「自然生態」及「水資源及其利用與保護」，授課節數亦各為 4 節等。第二學年後之課程即分為學術學程與專門學程，學校得依實際需求開設海洋相關校訂必選修科目。

我國大學的課程自主，各大學得視需要，自行開設與海洋教育有關的專業科目或通識科目。即使在非海事大專校院部分，也鼓勵基於臺灣海洋環境的特色，透過海洋通識教育的學習，深化各學門專長領域的未來運用與發展。

【焦點概念】 海洋教育政策

參考文獻

Dale, E. Lawernce (1982). What Is Staff Development? *Educational Leadership*, 40 (1), 31.

Hill, John C. (1986). *Curriculum evaluation for school improvement*. Illinois: Charles C. Thomas Publisher.

OECD (2004). *What Makes School Systems Perform? Seeing School Systems through the Prism of Pisa OECD* http://www.oecd.org/education/school/programmeforinternationalstudentassessmentpisa/33858946.pdf

OECD (2004). *OECD Handbook for Internationally Comparative Education Statistics*. OECD Publishing.

丁云淇（2009）。教師參與在職碩士專班專業成長學習需求與學習滿意度相關之研究——以南部某一所國立大學為例。國立臺南大學教育學系課程與教學研究所碩士學位（未出版）。

中華民國課程與教學學會主編（1999）。九年一貫課程之展望。臺北：揚智。

王文科、王智弘（2014）。教育研究法。臺北：五南。

王如哲（2009）。比較教育。臺北：五南。

王家通、陳伯璋、吳裕益（1984）。中等教育。高雄：復文。

朱延智（2014）。圖解經濟學：最重要概念。臺北：書泉。

何福田、羅瑞玉（1992）。教育改革與教師專業化。載於中華民國師範教育學會（主編），教育專業（頁 1-30）。臺北：師大書苑。

吳佩錦（2010）。國中學生英語學習動機、英語學習策略與英語學習成就之相關研究。國立臺南大學教育學系課程與教學研究所碩士論文（未出版）。

吳幸宜（譯）（1994）。學習理論與教學應用（原著 Gredler, M. E.）。臺北：心理。

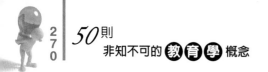
吳明烈（1997）。回流教育與學習社會。中華民國成人教育學會主編，回流教育，133-178。臺北：師大書苑。

吳明隆、陳明珠（2012）。霸凌議題與校園霸凌策略。臺北：五南。

吳美齡（2007）。國中學習障礙學生英語學習動機與學習策略之相關性研究。國立臺南大學課程與教學研究所碩士論文（未出版）。

吳庶深、黃麗花（2001）。生命教育概論——實用的教學方案。臺北：學富文化。

吳清山（1992）。學校效能研究。臺北：五南。

吳清山（1997）。學校效能研究。臺北：五南。

吳清山（2009）。初等教育。臺北：五南。

吳清山（2014）。教育概論。臺北：五南。

吳清基（2013）。教育政策與學校行政。臺北：五南。

吳靖國（2006）。生命教育：視域交融的自覺與實踐。臺北：五南。

吳靖國（2012）。海洋教育——教科書、教師與教學。臺北：五南。

李咏吟、單文經（1997）。教學原理。臺北：遠流。

李昆山（1997）。落實國民小學環境教育之策略與方法。環境教育季刊，40，63-70。

李俊湖（2001）。課程統整概念與實例。教育人力與專業發展雙月刊，第18卷，第4期。

李錫津（1998）。新世紀學校本位之課程實施。載於中華民國課程與教學學會主編，學校本位課程與教學創新（頁1-22）。臺北：揚智。

辛憲（2009）。經濟學的第一堂課。臺北：書泉。

周新富（2012）。教育研究法。臺北：五南。

林生傳（1999）。九年一貫課程的社會學評析。載於中華民國課程與教學學會主編，九年一貫課程之展望。臺北：揚智。

林生傳主編（2012）。教育心理學。臺北：五南。

林香河（2012）。國中性別平等教育課程評鑑指標建構之研究。樹德科技大學人類性學研究所碩士論文（未出版）。

林彩岫主編（2012）。多元文化教育：新移民的原生文化與在地適應。臺北：五南。

林敏宜（2004）。圖畫書的欣賞與應用。臺北：心理。

林清江（2003）。教育社會學新論──我國社會與教育關係之研究。臺北：五南。

林清江（2006）。比較教育。臺北：三民。

林進材（1995）。教育理論與實務──課程與教學。臺北：商鼎。

林進材（1999）。教學研究與發展。臺北：五南。

林進材（2002）。有效教學──理論與策略。臺北：五南。

林進材（2006）。教學論。臺北：五南。

林進材（2009）。教學原理。臺北：五南。

林進材（2010）。教學原理。臺北：五南。

林進材（2013）。班級經營。臺北：五南。

林進材（2013）。教學理論與方法。臺北：五南。

林進材（2014）。教學理論與方法。臺北：五南。

林進材、林香河（2011）。霸凌完全手冊：案例與策略。臺北：五南。

林進材、林香河（2013）。新移民母國學歷認證之研究。內政部移民署專案研究報告。

林進材、林香河（2014）。教育實習的理論與實務──成為合格教師。臺北：五南。

林進材、林香河（2014）。新移民、新學習；新住民、新家庭。載於心家，半年刊，臺南市家庭教育中心。

林進材、林香河（2015）。圖解班級經營。臺北：五南。

林瑞榮等（2011）。海洋教育的理論與實踐。臺北：五南。

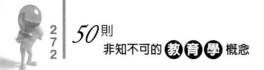
林義男、王文科（2002）。教育社會學。臺北：五南。

林鶯（譯）（1991）。J. Donald Walters 著。生命教育——與孩子一同迎向人生挑戰。臺北：張老師。

姚美蘭（2015）。繪本教學對國小三年級學生多元文化素養之影響。國立臺南大學教育學系課程與教學碩士班碩士論文（未出版）。

徐高鳳（1991）。情感教育課程對國小兒童自我概念影響之實驗研究（未出版之碩士論文）。國立臺灣師範大學，臺北市。

海洋教育政策白皮書（2007）。http://163.32.145.8/main.php

秦夢群（2013）。教育行政——實務與應用。臺北：五南。

秦夢群（2013）。學校行政。臺北：五南。

高強華（1992）。教師社會化研究及其在師資培育上的意義。載於中華民國師範教育學會（主編），教育專業（頁 53-87）。臺北：師大書苑。

高新建等主編（2010）。課程發展與領導。臺北：華騰。

張世忠（2003）。九年一貫課程與教學。臺北：五南。

張春興（1994）。教育心理學——三代取向的理論與實踐。臺北：東華。

張春興（2009）。教育心理學——三化取向的理論與實際。臺北：東華。

張春興（2013）。教育心理學——三化取向的理論與實際。臺北：東華。

張婉如（2015）。透過服務學習推動生命教育對國小六年級學生生命價值觀之行動研究。國立臺南大學教育學系課程與教學碩士論文（未出版）。

張嘉育（1998）。認識學校本位課程發展。載於中華民國課程與教學學會主編，學校本位課程與教學創新（頁 23-47）。臺北：揚智。

梁福鎮（2013）。比較教育學：起源、內涵與問題的研究。臺北：五南。

梁福鎮（2013）。教育行政——實務與應用。臺北：五南。

莊雅清（2015）。透過繪本與資訊融入教學提升國小二年級學生閱讀理解能力之行動研究。國立臺南大學教育學系課程與教學研究所碩士論文（未出版）。

許進來（2008）。澎湖縣國小學校建築規畫與用後評估之行動研究。國立臺南大學教育學系課程與教學碩士班碩士論文（未出版）。

許雅玲（2012）。澎湖縣國民小學實施品德教育現況、困境及因應策略之研究。國立臺南大學教育學系課程與教學研究所碩士論文（未出版）。

郭昭佑（2007）。教育評鑑研究——原罪與解放。臺北：五南。

陳玉琨、瞿葆奎、呂達（2004）。教育評鑑學。臺北：五南。

陳李綢、郭妙雪（1998）。教育心理學。臺北：五南。

陳育菁（2009）。實施性別平等教育課程對國小四年級學童性別意識之影響（未出版之碩士論文）。國立臺南大學課程與教學研究所，臺南。

陳怡螢（2015）。繪本教學融入情緒教育方案對國小三年級學生情緒調整影響之研究。國立臺南大學教育學系課程與教學研究所碩士論文（未出版）。

陳奎憙（1982）。教育社會學。臺北：三民。

陳美如（2001）。教師作為課程評者：從理念到實踐（頁98）。課程與教學季刊，4(4)，93-112。

陳賢舜編著（2014）。絕對制霸教育法規大意。臺北：考用。

游恆山（編譯）（1999）。心理學導論（原著 Philip G. Zimbardo & Richard J. Gerrig）。臺北：五南。

湯志民（1994）。學校建築的人文教育環境規畫。初等教育學刊，3，237-264。

湯志民（2002）。臺灣的學校建築。臺北：五南。

湯志民（2004）。學校建築評鑑：用後評估的發展與模式。載於國立教育資料館，教育資料集刊（29輯）：教育評鑑專輯（381-412）。臺北：作者。

湯志民（2006）。學校建築與校園規劃。臺北：五南。

黃光雄、蔡清田（2008）。課程設計與發展。臺北：五南。

黃光雄、蔡清田（2013）。課程發展與設計。臺北：五南。

黃光雄編譯（1989）。教育評鑑的模式。臺北：師大書苑。

黃汝秀（2009）。澎湖縣國小教師對環境教育議題認知與態度之研究——以九年一貫課程為例。國立臺南大學教育學系課程與教學研究所碩士論文（未出版）。

黃昆輝、張德銳（2000）。教育行政。載於國立編譯館（主編），教育大辭書（六）。臺北：文景。

黃政傑（1991）。課程設計。臺北：東華。

黃政傑（1995）。多元文化教育的課程設計途徑。中國教育學主編：多元文化教育。臺北：臺灣書店。

黃政傑（2003）。學校課程評鑑的概念與方法（頁 5）。課程與教學季刊，6(3)，臺北：中華民國課程與教學學會。

黃政傑（2012）。課程設計。臺北：東華。

黃政傑、吳俊憲主編（2006）。合作學習——發展與實踐。臺北：五南。

黃政傑、林佩璇（1996）。合作學習。臺北：五南。

黃政傑、張嘉育（2010）。讓學生成功學習：適性課程與教學之理念與策略。課程與教學，13 卷，3 期。

黃政傑主編（2001）。教學原理。臺北：師大書苑。

黃政傑主編（2008）。課程發展與設計。臺北：五南。

黃政傑主編（2012）。十二年國教：改革、問題與期許。臺北：五南。

黃政傑主編（2014）。十二年國教課程教學改革：理念與方向的期許。臺北：五南。

黃珮貞（2008）。運用兒童繪本進行情緒教育之研究（未出版之碩士論文）。國立新竹教育大學，新竹市。

黃淑娟（2014）。運用情緒主題繪本進行兒童情緒教學之研究——以國小二年級為例（未出版之碩士論文）。國立東華大學，花蓮縣。

黃富順（2000）。國家教育研究院，教育大辭書 http://terms.naer.edu.tw/

detail/1304625/

黃嘉雄（2004）。課程評鑑概念分析。教育資料集刊，教育評鑑專輯，29。
　　臺北：國立教育資料館編印。209-224。

黃耀榮（1990）。國民小學學校建築計畫及設計問題之調查研究。臺北：內
　　政部建築研究所籌備處編輯委員會。

楊冠政（1998）。環境教育。臺北：明文書局。

楊景堯等編（1999）。教育法規。高雄：麗文。

楊菁菁（2010）。國民小學實施閱讀教學現況、困境與因應策略之研究——
　　以南部一所小學為例。國立臺南大學教育學系課程與教學研究所碩士論
　　文（未出版）。

楊龍立（2004）。九年一貫課程與文化。臺北：五南。

詹棟梁（2005）。教育社會學。臺北：五南。

歐用生（2000）。課程改革。臺北：師大書苑。

潘慧玲、楊錦心、高新建、郭昭佑、黃馨慧、江惠真（2004）。高職及綜合
　　高中學校本位課程評鑑指標之建構。載於黃政傑（主編）（2008），課
　　程評鑑——理念、研究與應用（頁 220-248）。臺北：五南。

蔡淑媖（2001）。從聽故事到閱讀。新北市：富春。

蔡清田（1999）。九年一貫國民教育課程改革與教師專業發展之探究。載於
　　中華民國課程與教學學會主編，九年一貫課程之展望。臺北：揚智。

蔡清田（2006）課程創新。臺北：五南。

蔡清田（2013）。教育行動研究新論。臺北：五南。

蔡莉莉（2008）。澎湖縣國小教師對零體罰教育政策態度之研究。國立臺南
　　大學教育學系課程與教學研究所碩士論文。

蔡惠雅（2012）。臺南市國中三年級學生國語文科學習困擾來源及其因應策
　　略。國立臺南大學教育學系課程與教學研究所碩士論文（未出版）。

鄭博真（2000）。教師在職進修問題與改進途徑之探討。臺灣教育，592，

50-58。

蕭英勳（2009）。2005-2009年資訊融入教學研究趨勢與發展之研究——以臺灣地區學位論文為例。國立臺南大學教育經營與管理研究所博士論文。

賴清標主編（2011）。教育實習。臺北：五南。

薛梨眞（2005）。國小學校本位課程規劃與實施——以九年一貫課程的試辦為例。http://www.nknu.edu.tw/~edu/web/doc/Learning/learning%20thesis/learning%20thesis-4/item4-article31.htm

謝文全（1997）。學校行政。臺北：五南。

謝文全（2008）。學校行政。臺北：五南。

謝文全（2011）。中等教育——理論與實際。臺北：五南。

謝寶梅（2011）。教育實習的基本認識。載於賴清標主編，教育實習。臺北：五南。

鐘思嘉編著（1996）。親職教育。國立空中大學。

饒見維（1997）。教師專業發展：理論與實務。臺北：五南。

國家圖書館出版品預行編目資料

50則非知不可的教育學概念／林進材著. －－
初版. －－臺北市：五南, 2015.07
　　面；　公分
ISBN 978-957-11-8117-2（平裝）

1.教育

520　　　　　　　　　　104007479

1IYQ

50則非知不可的教育學概念

作　　者 ― 林進材（134.1）

發 行 人 ― 楊榮川

總 編 輯 ― 王翠華

主　　編 ― 陳念祖

責任編輯 ― 劉芸蓁　李敏華

封面設計 ― 童安安

出 版 者 ― 五南圖書出版股份有限公司

地　　址：106台北市大安區和平東路二段339號4樓

電　　話：(02)2705-5066　傳　　真：(02)2706-6100

網　　址：http://www.wunan.com.tw

電子郵件：wunan@wunan.com.tw

劃撥帳號：01068953

戶　　名：五南圖書出版股份有限公司

法律顧問　林勝安律師事務所　林勝安律師

出版日期　2015年7月初版一刷

定　　價　新臺幣400元